本书为国家社会科学基金项目
"企业主导的关键核心技术创新联合体研究（编号为23BGL111）"
阶段性成果

合壹智库丛书

战略科创平台

建设逻辑、实践模式
与发展框架

李飞　等◎著

STRATEGIC INNOVATION
PLATFORM

CONSTRUCTION LOGIC,
PRACTICE MODEL
AND
DEVELOPMENT FRAMEWORK

ZHEJIANG UNIVERSITY PRESS
浙江大学出版社

·杭州·

图书在版编目（CIP）数据

战略科创平台：建设逻辑、实践模式与发展框架 /
李飞等著. —杭州：浙江大学出版社，2024.6.
ISBN 978-7-308-25139-6

Ⅰ. F124.3

中国国家版本馆 CIP 数据核字 202484XU34 号

战略科创平台——建设逻辑、实践模式与发展框架

李　飞　等著

责任编辑	李海燕
责任校对	杨晓鸣
封面设计	雷建军
出版发行	浙江大学出版社
	（杭州市天目山路 148 号　邮政编码 310007）
	（网址：http://www.zjupress.com）
排　　版	杭州好友排版工作室
印　　刷	广东虎彩云印刷有限公司绍兴分公司
开　　本	710mm×1000mm　1/16
印　　张	11
字　　数	198 千
版 印 次	2024 年 6 月第 1 版　2024 年 6 月第 1 次印刷
书　　号	ISBN 978-7-308-25139-6
定　　价	68.00 元

前　言

当今世界，以数字化、智能化驱动的新一轮科技革命正在引发各领域的剧烈变革，人工智能、云计算、大数据等颠覆性技术将加快推动人类社会从生命与物理世界的二元空间，转变为生命、物理世界、智能机器、信息世界的四元空间，我们亟须深刻理解和把握百年未有之大变局下的三个重要科技发展趋势。

一是数字化驱动的科研范式变革。

数字技术的突破将塑造全新的科研范式。库恩在《科学革命的结构》中提出了经典的科技哲学概念——"研究范式"，认为正是研究范式的突破引发了科学的革命。图灵奖得主吉姆·格雷在《第四范式：数据密集型科学发现》中阐述了人类历史上研究范式转变的四个阶段，即以经验主义为依托的第一范式，以理论推导为路径的第二范式，以科学计算为基础的第三范式，以数据密集型分析处理为核心的第四范式。[①] 随着大数据和人工智能时代的来临，传统的科技信息工作模式可能被颠覆，甚至科研活动本身也可能在科技信息与人工智能的结合中产生变革性的"范式"突破，形成所谓的"智能科学家"，集成机器智能和专家智慧，推动科研活动向着自动化、智能化方向发展。[②]

科研范式变革将催生智能辅助的知识生产模式。在数字化背景下，基于兴趣、应用、数据及算法的混合驱动模式正在形成，实验观察、数学模型、计算机仿真模拟、大数据等方法深度结合，人工智能技术与领域知识深度融合，为研究者解决复杂科学问题提供了新途径。未来可能的方向包括：一是打造

[①] 孟红茹,孟二龙.基于第四范式的数据分析思考[J].计算机与数字工程,2021(10):2083-2087.

[②] 罗威等.智能科学家——科技信息创新引领的下一代科研范式[J].情报理论与实践,2020(1):1-5.

"AI＋X"科研服务平台,将人工智能、大数据技术融合专业领域知识,建立科研辅助技术体系,帮助各领域的科学家便利地运用先进的智能处理工具,增强科学研究中数据处理的能力;二是建设高效率、智能化生产和处理海量科学数据的"科研工厂",使科学家摆脱科研工作中大量琐碎的重复性、流程性工作,进而极大提升科学研究的效率,缩短复杂科研工作的时间;三是构建人机共生的协同创新环境,通过先进技术赋予机器智能化的"学科大脑",并建立智能机器和科学家的人机协同与智慧共生,让人和机器合作应对复杂未知情况并做出判断决策。

二是融合化驱动的价值共创共生。

知识链、创新链、产业链融合发展促进价值共生,成为推动经济社会发展的强大引擎。习近平总书记多次强调,"要围绕产业链部署创新链、围绕创新链布局产业链,推动经济高质量发展迈出更大步伐"[①],深刻揭示科技创新与价值创造紧密结合、同向发力、协同联动、互促提高的内在要求。一方面,围绕产业链部署创新链,核心在于强调科技支撑作用,重在问题导向、解决现实问题,更加注重产业基础高级化的需要和产业链现代化的需求,通过创新链的指向准确和硬核高效,破解产业链重大技术难题,降低产业链上下游关键核心环节的对外依存度,助力产业链延展、价值链提升,推动产业结构调整、经济转型升级。另一方面,围绕创新链布局产业链,关键在于突出科技引领作用,更加注重科技创新成果转化为经济社会发展的现实动力,发掘科学新发现、技术新发明等高质量科技供给的产业场景应用,引领发展科技含量高、市场竞争力强、带动作用大、经济效益好的战略性新兴产业,开辟新的产业发展方向和重点领域,培育新的经济增长点。

把握好基础研究与应用基础研究的关系,以"科学驱动＋场景驱动"重塑价值共创体系,优化科技成果转化生态。习近平总书记指出,"要勇于探索、突出原创""更要应用牵引、突破瓶颈,从经济社会发展和国家安全面临的实际问题中凝练科学问题,弄通'卡脖子'技术的基础理论和技术原理"[②]。高能级的战略科创平台是服务国家战略需求和服务产业发展的创新载体,也是推动区域创新高地和人才中心建设的重要引擎,既要做强基础研究这一科学体系的源头、提高自主创新能力,又要锚定优势主导产业、重点发展产业和未来产业,

① 习近平在陕西考察时强调扎实做好"六稳"工作落实"六保"任务奋力谱写陕西新时代追赶超越新篇章[J].党建,2020(5):4-6.

② 习近平.加快建设科技强国实现高水平科技自主自强[J].求知,2022(5):4-9.

加强应用基础研究，开展行业共性关键技术攻关，形成高价值知识产权及有影响力的重大科技成果，引导推动科技项目与市场需求对接，提升科技成果转移转化成效，逐步形成"自然科学—技术—工程""工程—技术—技术科学"双跨型价值共创新模式。

三是资源化驱动的全球人才竞争。

科技自立自强迫在眉睫，科技发展受制于人的背后是人才困境。习近平总书记深刻指出："当今世界的综合国力竞争，说到底是人才竞争，人才越来越成为推动经济社会发展的战略性资源，教育的基础性、先导性、全局性地位和作用更加突显。"[①]《全球人才竞争力指数报告2022》(GTCI)显示，2022年中国人才竞争力上升至第36位，但仍存在不少人才短板。一是高端拔尖创新人才供给不足。以人工智能产业为例，"2020年人工智能全球2000位最具影响力学者榜单"显示，在20个子领域排名前100的学者中，美国有1128人，占比61.4％，中国有171人，仅为美国的1/7。[②] 领军型人才、一流工程师等创新型科技人才的严重短缺，成为制约创新产业由要素驱动、投资驱动向创新驱动转变的主要障碍。二是基础型高水平技术人才缺失。截至2020年，我国技能劳动者总量虽超过2亿人，但占就业总人口的比重仅为26％，其中高技能人才仅占技能人才总量的28％，而日本、德国等制造业强国达到40％以上。[③] 基础层人才储备的薄弱，致使核心技术和应用领域产业空心化，解决"卡脖子"问题的能力明显较弱。

战略科创平台有望异军突起，在区域创新体系建设和高层次人才引育方面发挥示范作用。习近平总书记多次强调，"人才是创新的第一资源，人才资源是我国在激烈的国际竞争中的重要力量和显著优势""创新驱动本质上是人才驱动"[④]。这一系列重要论述为新时代人才工作指明了方向，为推动区域创新发展注入了强大动力。有别于传统研究机构，战略科创平台作为高水平的新型研发机构，并不只专注于前沿科学研究，也不只做技术开发或成果转化，而是汇集政产学研等多方资源，合理地将基础研究、技术研发、成果转化和企

① 习近平.做党和人民满意的好老师[N].人民日报，2014-09-10(2).

② INSEAD. The Global Talent Competitiveness Index 2022[EB/OL]. [2023-11-10]. https://www. insead. edn. sites. defanlt/files/assets/dept/fr/gtci/GTCI/_2022-report. pdf.

③ 人社部.我国技能劳动者已超过2亿人[J].中国人才，2021(4)：88.

④ 习近平.深入实施新时代人才强国战略加快建设世界重要人才中心和创新高地[J].当代党员，2022(1)：3-7.

业孵化等创新环节,通过"科创导向"紧密结合在一起,在推进人才引进、集聚使用、管理激励、评价考核、研究生培养等方面积累了大量经验,对于破解我国科技创新发展过程中面临的人才困境和推动区域创新体系建设具有重要的改革示范作用。

在全面开启社会主义现代化建设新征程中,我国面临新形势、新挑战、新问题,以新的体制机制加快建设一批战略科创平台,促进知识链、创新链、产业链、人才链、政策链、金融链等多链融合发展,对提升国家创新体系整体效能具有重要价值与意义。为此,在浙江大学中国科教战略研究院、浙江大学杭州国际科创中心的大力支持下,课题组开展了"国家新型研发机构发展战略研讨会""创新范式变革与新型校企合作""国家创新体系与战略科创平台建设"等专题研讨会,并赴中国科学院深圳先进技术研究院、之江实验室、清华长三角研究院等十多家机构实地调研,对战略科创平台的内涵特征、功能地位、发展路径等进行了全面分析梳理。本书是课题组集体智慧的结晶,共分十章。前两章阐述战略科创平台的内涵特征和发展历程,由李飞、傅方正负责;第三章至第五章阐述战略科创平台的不同类型和运行机制,由徐贤春、吴伟、李拓宇、姚威负责;第六章至第九章阐述战略科创平台的实践路径,由黄晓飞、童嘉、刘程毅、傅方正负责;第十章战略科创平台的未来展望,由李飞负责。全书由李飞、傅方正统稿,郗雨、王恩禹、梁思姝、牛冰、王怡文、张瑜、蔡小东、钱圣凡等参与了部分内容的撰写。

由于国内战略科创平台尚在起步发展阶段,对于其认识还不够系统深入,本书难免存在不当不足之处,敬请各位作者不吝指教,多提宝贵意见。

目　录

上篇　建设逻辑

第一章　战略科创平台的内涵特征…………………………………………… 3

　第一节　战略科创平台的内涵定位………………………………………… 3

　　一、"战略"的目标属性…………………………………………………… 3

　　二、"科创"的功能属性…………………………………………………… 5

　　三、"平台"的组织属性…………………………………………………… 6

　第二节　战略科创平台的生态系统………………………………………… 7

　　一、战略科创平台的系统要素…………………………………………… 7

　　二、战略科创平台的生态特征…………………………………………… 9

第二章　战略科创平台的发展历程…………………………………………… 11

　第一节　战略科创平台的理论溯源………………………………………… 11

　　一、国家创新体系的结构逻辑…………………………………………… 11

　　二、国家创新体系的系统逻辑…………………………………………… 14

　　三、国家创新体系的生态逻辑…………………………………………… 16

　第二节　战略科创平台的实践演化………………………………………… 18

　　一、战略科创平台的探索发展期………………………………………… 20

二、战略科创平台的迭代发展期 ················· 21

三、战略科创平台的规范发展期 ················· 22

第三节　战略科创平台的现状概述 ················· 23

一、战略科创平台的主要类型 ················· 24

二、战略科创平台的领域布局 ················· 26

三、战略科创平台的发展路径 ················· 27

中篇　实践模式

第三章　政府主导型战略科创平台 ················· 31

第一节　发展概况 ················· 31

一、政府主导型战略科创平台的发展历程 ················· 31

二、政府主导型战略科创平台的主要特征 ················· 35

第二节　治理结构 ················· 36

一、政府主导、多元共治的外部治理结构 ················· 37

二、纵向分工、横向协同的内部治理结构 ················· 38

三、内外结合、多级联动的监督评价体系 ················· 40

第三节　运行机制 ················· 41

一、人力资源管理 ················· 41

二、科研组织结构 ················· 44

三、项目管理模式 ················· 45

四、成果转化机制 ················· 47

第四章　社会主导型战略科创平台 ················· 50

第一节　发展概况 ················· 50

一、社会主导型战略科创平台的发展定位 ················· 50

二、社会主导型战略科创平台的主要特征 ················· 51

第二节　治理结构 ················· 54

一、多元主体参与的决策层 ················· 54

二、院长/主任负责的执行层 ……………………… 55

三、科研/行政协同的操作层 ……………………… 56

四、权责结构分离的监督层 ……………………… 57

第三节　运行机制 ……………………………… 58

一、多元的投入和利益分配机制 ………………… 58

二、灵活的社会用人机制 ………………………… 60

三、开放的科研组织模式 ………………………… 61

四、市场化的科技成果转化 ……………………… 62

第五章　高校院所主导型战略科创平台 …………… 63

第一节　发展概况 ……………………………… 63

一、高校院所主导型战略科创平台的发展历程 … 63

二、高校院所主导型战略科创平台的主要特征 … 66

第二节　治理结构 ……………………………… 67

一、以理事会为核心的治理模式 ………………… 68

二、产业需求导向的组织结构 …………………… 69

三、事业法人企业化的管理方式 ………………… 70

第三节　运行机制 ……………………………… 71

一、多元化的投资主体 …………………………… 71

二、有组织的科技攻关 …………………………… 73

三、灵活的人才队伍 ……………………………… 74

四、产业化的转化体系 …………………………… 77

下篇　发展框架

第六章　推行有组织科研模式 ……………………… 83

第一节　"有组织科研"的基本认识 ……………… 83

一、内涵界定 ……………………………………… 84

二、主要特征 ……………………………………… 85

三、政策表现 ……………………………………………………… 87

第二节 "有组织科研"的现实意义 ……………………………… 91

一、"有组织科研"是应对国际科技竞争的必然要求 ………… 91

二、"有组织科研"是建设"创新型国家"的迫切需要 ………… 93

三、"有组织科研"是推动科研范式演进的现实选择 ………… 93

四、"有组织科研"是助力产业创新发展的有效模式 ………… 94

第三节 战略科创平台"有组织科研"的实施路径 …………… 95

一、"有组织科研"的实施困境 ………………………………… 95

二、"有组织科研"的应对之策 ………………………………… 97

第七章 建设高水平人才队伍 …………………………………… 103

第一节 建设高水平人才队伍的重大意义 …………………… 103

一、实施创新驱动发展战略、人才强国战略的重要体现 …… 103

二、建设区域人才高地、厚植人才创新沃土的根本要求 …… 104

三、实现战略科创平台可持续、高质量发展的重要支撑 …… 105

第二节 建设高水平人才队伍的体系组成 …………………… 107

一、推进组织创新，打造混合多元的人才队伍体系 ………… 107

二、加大引才力度，培育引领发展的战略科学家 …………… 108

三、用好攻坚力量，培养科技创新的青年人才 ……………… 110

四、面向经济战场，壮大市场需求的产业人才 ……………… 112

第三节 建设高水平人才队伍的主要举措 …………………… 113

一、健全人才引育机制 ………………………………………… 113

二、畅通人才发展通道 ………………………………………… 115

三、完善人才考评机制 ………………………………………… 116

四、强化人才服务保障 ………………………………………… 118

五、涵养人才生态环境 ………………………………………… 118

第八章 打造高效能转化体系 …………………………………… 120

第一节 高效能转化体系的基本内涵 ………………………… 120

一、主要特征 …………………………………………………… 121

二、主体作用机制 ……………………………………………… 122

三、政策表现 …………………………………………………… 125

第二节　高效能转化体系的组织模式和动力……………………… 134

一、组织模式…………………………………………………… 134

二、动力溯源…………………………………………………… 140

第三节　高效能转化体系的构建路径……………………………… 144

一、实现方式…………………………………………………… 144

二、举措建议…………………………………………………… 147

未来展望…………………………………………………………… 152

第一节　战略协同的创新动员能力………………………………… 152

第二节　包容高效的管理体制机制………………………………… 155

第三节　整体优化的创新生态体系………………………………… 157

参考文献…………………………………………………………… 160

上篇　建设逻辑

第一章　战略科创平台的内涵特征

　　战略科创平台是服务创新驱动发展战略的重要载体,也是推进高校、科研院所与地方政府及企业产学研合作的主要手段。战略科创平台面向战略需求、服务科创活动,能有效地整合创新资源,开展源头性技术创新,充分体现战略的目标属性、科创的功能属性和平台的组织属性,也具备组织特有的系统要素和生态特征。虽然战略科创平台的类型、发展模式各不相同,但在内涵定位、系统要素和生态特征上具有相似之处。

第一节　战略科创平台的内涵定位

　　国家创新体系的提出,厘清了从企业、大学、国家科研机构到中介组织等不同类型主体的定位、功能与作用,既是对创新发展规律的基本认识,也是竞争性视角下的理论建构。然而,由于创新主体之间"各司其职",不能够充分应对竞争性挑战和及时把握战略性机遇,异质性创新主体间存在导向障碍,成为掣肘国家创新体系高效运行的重要原因。第二次世界大战结束后,世界各国进入了科技与产业创新竞争的主赛道,在某些特定条件下涌现出的一些"四不像"新型研发机构,成为高效率联结不同性质创新主体活动、优化创新资源配置的"间质性"组织之一,在关键核心技术攻关、战略性新兴产业培育方面发挥了重要作用,逐渐成为引领高质量发展的战略科创平台(如图 1-1)。

一、"战略"的目标属性

　　战略科创平台是新型研发机构的一种类型,但新型研发机构未必都是战略科创平台,其本质区别在于战略目标的属性。战略科创平台体现了国家战略意志和价值取向,对区域经济社会发展全局、产业国际竞争格局产生重大影响。2017 年的《"十三五"国家技术创新工程规划》《"十三五"国家科技人才发展规划》,2018 年的《关于坚持习近平新时代中国特色社会主义思想为指导开创科技工作新局面的意见》以及 2021 年的《中华人民共和国国民经济和社会发展第十四个五年规划和 2035 年远景目标纲要》等重要文件强调加快建设世界科技强国。战略科创平台的部署应积极响应这一号召,其建设和发展应体现国家战略意志,为我国实现高水平科技自立自强贡献力量。因此,战略科创平台要破除一切束缚创新驱动发展的观念和体制机制障碍,深化科技体制改革,促进科技成果转化,力争成为国家创新体系中起步发展比较晚但势头强劲的重要生力军。

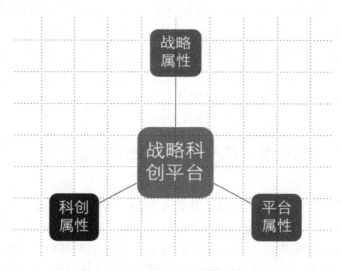

图 1-1   战略科创平台的属性特征

不同于企业的技术创新战略定位,战略科创平台更加关注于解决在共性技术、关键核心技术等领域的"市场失灵"问题。这些领域有着资源投入多、技术风险高、回报效益大的显著特征。因此,战略科创平台不是仅仅孵化几个企业、转化几个成果,而是要面向产业未来、面向产业竞争主赛道,发展具有前瞻性、创新性、包容性的尖端技术,特别是要专注于电子信息、半导体、新材料等"卡脖子"的关键领域,提高硬核科技创新能力,推动产业转型升级,培育战略性新兴产业,深刻影响和优化重塑产业发展新格局。

在科技发展战略上,战略科创平台既要与高校、研究院所一样引领学术前沿,又要与行业领军企业一同追赶技术前沿,深度掌握、整合运用国内外最新的基础科学研究成果,成为科技创新与产业创新的高地。在组织发展战略上,战略科创平台要实现多元创新主体的有机互动和开放合作,不仅对接高校、研究院所的原始创新,与国内外的创新企业、机构进行协同创新和产学研合作,还要提高国际交流合作水平。在技术创新发展战略上,从知识生产到转化为现实生产力的过程中,战略科创平台要作为技术综合集成器,实现创造、创新、创业的融合发展,加快促进新的科学发现和新技术的商业化应用。在服务区域发展战略上,战略科创平台具有一个战略目标框架,应该满足区域性、行业性的战略需求,在区域创新体系和产业创新体系中发挥着重要支撑作用,成为国家战略、区域战略、科技战略、产业战略等多元目标一致性的共同表达。

二、"科创"的功能属性

自美国拜杜法案实施以来,世界各国在此启示下已基本建立起"技术与市场"高效连接的科创体系,但是,能够贯通"科学、技术、市场"三者之间的科创体系还不够健全。解决科技成果向现实生产力转化不力、不顺、不畅的痼疾,一直是国家创新体系建设的重要命题。其中,重要症结就在于科技创新价值链条上存在着诸多体制机制障碍,知识生产、知识转移和产业转化各个环节衔接不够紧密,就像接力赛一样,第一棒跑到了,下一棒没有人接,或者接了不知道往哪儿跑,形成不了贯通创新各个环节的完整链条。战略科创平台正是承担着贯通科学、技术、市场三者之间的"接棒者"角色,逐步建立完善科研创新与产业创新双轮驱动的科创体系,有效缩短科技创新链条,提高创新体系的整体效能。

战略科创平台功能的立足点在"科",开展高质量的有组织科研工作,在科技创新上有新的突破,改变个体的、分散的、低效的科研活动组织模式;根本目标是"创",应该为用户市场高水平地创造价值,通过面向市场导向的创新产业活动实现科技成果的高效转移转化;功能建构的出发点,以产业整体的变革升级为导向,提出关键核心技术需求,再经由转化链"解读",进而整合各大创新要素协同攻关,牵引科研立项,起到推动重大原始创新突破的作用。

战略科创平台的功能实现,遵循两条基本路径:一是基于科学的创新;二是应用牵引的创新。在"基于科学的创新"功能范式下,战略科创平台推动基于新科学发现的关键核心技术研发及其商业化。技术创新一般遵循的原则是,先发现自然规律或科学规律,然后再支撑应用领域的重大技术突破。在此范式下,战略科创平台应更加关注全球科学前沿进展和重大科学发现,积极推动新的科学原理的技术表达和产业化应用。在"应用牵引的创新"功能范式下,战略科创平台则从经济社会发展的重大战略需求出发,弄通科学原理、实现技术突破。在此范式下,就需要战略科创平台大力推动以认知需求或问题导向的科技创新,也有可能会产生新的科学发现,为原始创新打下雄厚基础。

三、"平台"的组织属性

战略科创平台既是有边界的实体组织,也是无边界的开放组织,其作为"平台"组织,包含了科研工作条件平台、开放协同的科研组织网络、稳定的高水平科研团队和充分可持续的资源保障体系,四个方面的有机结合构成了战略科创平台高效运转的"平台"。这些组织构件要素之间互相循环和协调,并与周边环境发生动态协调关系,以此来适应外部环境和自身发展的需求。[①]

科研工作条件平台是战略科创平台能够稳定发展的基础要件。其中重要的一点就是有先进的科研设施支撑,只有"地基"夯实了,科创平台这座大厦才可以平稳健康发展。尤为重要的是在战略科创平台建设初期,需要各级相关政府以及其动员的社会各界力量的积极投入,在基础科研条件建设、科研设备购置、科研工作配套设施以及运行经费等方面给予大力支持。

开放协同的科研组织网络是战略科创平台做大做强的关键所在。传统的科研组织资源难以集中,导致单个组织研究力量薄弱、研究方向趋同,导致科研资源的浪费,而饱受诟病。伴随着科技事业的发展、产业转型升级和经济社会需求的变化,战略科创平台在这样的背景中越发显得重要。战略科创平台并不是独立存在的封闭组织,而是在吸纳传统科研组织形式优势的同时,又结合科技发展和市场需要,通过开放组织架构设计进一步吸引和会聚传统科研组织的能量,提高科研组织的协同化和集约化水平。

稳定的高水平科研团队是战略科创平台的核心竞争力。由于战略科创平台所开展的前沿技术和原始创新技术研究具有不确定性、高风险性,对知识系统的先进性要求比较高,需要保持开放的观念和灵活的思维,这对行业创新资源需求较高,尤其是对其研究团队来讲。战略科创平台能够搭建起一个自由平等、崇尚真理的学术环境,鼓励团队内部成员提升独立思考能力,带领一支以市场为导向、与产业市场相互对接的团队,引领专业领域的发展。

充分可持续的资源保障体系是战略科创平台可持续发展的重要条件。战略科创平台可以发挥协同创新优势,构建起强大的科技成果转化体系,提升可

---

① 任志宽,等.解密新业态:新型研发机构的理论与实践[M].广州:广东人民出版社,2020:60.

持续造血能力。采用"自用＋公用"相结合的资源使用方式，充分利用外部创新资源，发挥科研基础设施的基础性支撑作用。比如，对于初创时期的战略科创平台，为了避免重复投入、提高工作效率，在研发仪器设备共享共用方面，依托合作高校、科研机构的资源，签订长期共享协议，提高科研仪器设备的使用效率。具备成熟条件基础的战略科创平台，还可以建立公共实验室，采取租赁和自用相结合的方式，以此实现建设投入资源的有序共享利用。

第二节　战略科创平台的生态系统

一、战略科创平台的系统要素

第二次世界大战之后，组织系统理论开始兴起。该理论认为，组织是一个开放性的整体，组织内部有若干相应的子系统，且与外部环境进行相互作用，是一个"开放系统"。该理论的代表人物是霍曼斯、卡斯特、罗森茨韦格等，他们的主要观点是[①]：第一，组织是开放系统，无论是生物系统还是社会系统都必须具有持续的投入、转换和产出循环，组织从社会环境这一大系统中输入资源，经过生产过程的转换，再将产品或服务输出到社会环境中去，从而达到动态的平衡；第二，组织系统本身由许多子系统组成（见图 1-2），包括目标和价值子系统、技术子系统、社会心理子系统、结构子系统和管理子系统。

战略科创平台的目标和价值子系统是指围绕组织发展的目标和任务。一般而言，组织是为了实现特定的目标和价值而建立起来的，战略科创平台也不例外。创新价值链是以创新活动中的科学发现为起点，以创新成果的产业化为终点的。在价值链的上游，科学研发活动具有很强的正外部性，创新主体不能获得全部的收益，这就需要政府发挥主导作用；在创新价值链的下游，创新成果产业化具有极强的独占性和排他性，市场发挥主导作用[②]，企业发挥关键作用。然而，要将"科学、技术、市场"整条创新链上下游高效贯通起来时，就发现存在一个相对空白地带，需要顶层设计"战略科创平台"这类新型组织来进行弥合，这正是其目标和价值所在。

---

① 侯光明,等.组织系统科学概论[M].北京:科学出版社,2006:48-49.
② 任志宽,等.解密新业态:新型研发机构的理论与实践[M].广州:广东人民出版社,2020:60.

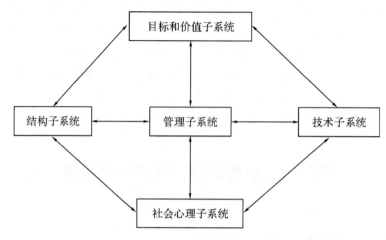

图 1-2　组织管理系统

战略科创平台的技术子系统主要是指科研基础设施。美国经济学家杰弗里·费尔曼(Jeffrey Furman)和迈克尔·波特(Michael Porter)最早提出科研基础设施这一概念,认为一个国家或组织的创新能力取决于创新基础设施、特定集群的创新环境、国家公用创新基础设施与特点集群之间相互联系的质量。[①]

战略科创平台的结构子系统与管理子系统是指它所建立起来的有组织科研模式。战略科创平台作为新型研发机构的一种,优化了我国科技创新力量的结构和布局,有效整合了政产学研金等多种创新资源和创新主体,建立理事会领导下院长负责制的现代科研院所法人治理模式。这种治理结构完善了现代科研院所的治理体系,逐步摆脱行政约束、树立治理意识、构建治理结构、提升治理有效性,为传统科研院所转型提供了新思路与新途径,为实现当前国家科技体制改革和践行现代科研院所制度创造了良好的环境。

战略科创平台的社会心理子系统包括组织中的个人行为和动机、个人在社会系统中的地位和作用,以及群体内个人的相互关系,这些因素汇合起来构成组织的总体氛围。在战略科创平台内部,每个科学家都可以心无旁骛地做科研,不被人员编制、机构规格等内容所限制,而科研人员既负责各自研究方向,同时也会协同创新,形成良好的科研氛围。

---

①　Furman J L, Porter M E, Stern S. The determinants of national innovative capacity[J]. Research Policy, 2000, 31(6): 899-933.

近些年来,国家为了规范研发机构的运行发展,颁布实施了一系列的规章制度,战略科创平台作为新型研发机构的"研发特区"也在其中。当前,战略科创平台在建设发展中也面临诸多挑战,亟须进一步优化战略科创平台的发展环境,在逐步完善科研体制、充分激发科研人员的创新活力、进一步下放科研自主权等方面都需要改革创新。比如,北京量子信息科学研究院做出了一个"三有"的新的探索,即对科研方向确立、科研团队组建、科研经费使用有自主权,探索财政经费负面清单,为战略科创平台的健康有序发展提供必需的制度环境。

另外,战略科创平台与外部进行资源交换,将投入的创新资源转化为科技成果进行输出,推动新技术、新发明实现市场价值的"惊险一跳"。战略科创平台能更加贴近市场需求开展成果转化,可以在外部的资源和最终的技术成果产出之间搭起一座嫁接的桥梁,从源头创新到新技术、新产品、新市场的快速转化机制,提高资源交换和成果转化的效率与效益,如图1-3所示。

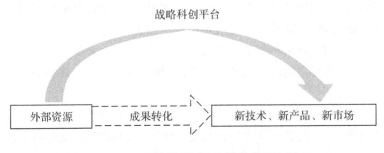

图 1-3　战略科创平台的科技成果转化

二、战略科创平台的生态特征

无论什么组织都处于生态环境中,而组织本身也在建立和维系着特定的生态,战略科创平台当然也不例外。本研究从创新生态系统、产业生态系统和人才生态系统等三个维度来阐述说明战略科创平台的生态特征。

在创新生态系统方面,战略科创平台横跨了多个层面,具有极其丰富的功能内涵,是连接贯通创新成果的研究、开发以及产业化的重要桥梁。首先,战略科创平台的生态内核是产学研深度融合,在其平台内部需要将科学发现、技术发明和产业发展紧密有机地结合起来,实现一体化布局和系统性设计。战略科创平台作为科研组织,它具有弥补知识和技术的成果转化断层的功能,因而更能吸引其他创新主体进行持续且不同程度的资源交换,如战略科创平台能够整合高校、科研院所等创新主体的知识资源,并经过一系列的内部转化过程,为企业创新主体提供成熟的技术系统。同时,也要兼顾中介机构的角色,起到了知识集成整合,促进技术扩散和创新成果转化的作用。因此,战略科创平台因其在创新生态系统中的独特定位,能够与更广泛的主体进行持续且不同程度的物质交换,汲取着整个创新生态系统中的支持与能量。①

在产业生态系统方面,战略科创平台与高校、研究院所和企业一样,都会承担不同层次、不同领域的科学研究。但是,与它们不同之处在于战略科创平台更多的是参与涉及国计民生、投资收益周期较长的"准公共产品"的研发。企业的研究更多关注的是市场需求和自身组织利益,而战略科创平台更关注国家关键领域和核心领域的"卡脖子"技术。这一方面体现了战略科创平台的公益性质,不以生产成品获得利润为研发导向,从而能够专注于具有经济外部性的基础研究投入,迸发出原始创新动能;另一方面科创平台对共性技术、关键技术的研究成果带有"准公共产品"属性,相比于企业的研究更容易产生知识和技术的溢出效应,有助于培育推动产业生态系统升级。在对接市场、促进技术成果转化方面,战略科创平台不与企业争抢市场,而是做企业最好的合作伙伴,为企业提供竞争前的知识和技术资源,帮助企业解决关键核心技术创新的困难。

在人才生态系统方面,科技创新是以人为本的创造性活动,人是科技创新最关键的资源,也是创新主体之间进行交互的重要创新要素,又是各创新主体的主要构成成分。战略科创平台的建设发展需要引入一批有想法、有激情的人才,同时这批人才也可以对外输出,为社会营造良好的人才生态。战略科创平台的建设提供了一个让新知识、新技术迸发的平台,各种思想、观点都可以在这里汇聚、碰撞,能够充分发挥人才无限的智慧和创造力,充分凸显人才集中、人才交流的重要优势。同时,战略科创平台可以为闯"无人区"者保驾护航,让科学精神、创业精神在此相互激发、融合会聚,让"千里马"竞相奔腾,为科研人员松绑解压,构建一个开放创新的人才生态系统。

---

① 张光宇,等.新型研发机构:学理分析与治理体系[M].北京:科学出版社,2021:126.

第二章　战略科创平台的发展历程

为了加速产学研三者之间的一体化进程,弥合科技与经济之间的裂缝,推动科技与产业的深度融合,发达国家纷纷推行"再工业化"战略,先后建立各类新型产业技术研发组织以推进产业转型升级发展。我国为了追上新一轮产业变革的脚步,加快构建国家创新体系,在 20 世纪 90 年代后期也开始逐步建设战略科创平台。在经历了探索、迭代和规范三个阶段的发展完善之后,我国建设了一批具有典型特征的战略科创平台,其发展模式、实践路径也逐渐得到完善,但是仍处于摸着石头过河状态,其中还有很多问题值得我们进一步深挖。

第一节　战略科创平台的理论溯源

自 1912 年美国经济学家熊彼特在《经济发展理论》中首次提出"创新"的概念以来,创新研究从创新主体结构、主体间联系,再到创新体系的研究,经历了从组织到系统、从系统到生态的研究范式演化,发展形成熊彼特经济、新熊彼特经济、后熊彼特经济的理论体系。战略科创平台伴随着国家创新体系演化发展而诞生兴起,既是国家创新体系的重要组成部分,也是战略导向、国家意志、市场主张的集中体现,已经成为实现创新驱动发展、提高国家创新竞争力、应对全球共同挑战的重要举措。本研究在国家创新体系理论演化中,去回顾追溯战略科创平台的衍生逻辑,去理解战略科创平台的"前世今生",回答其"是什么""为什么"的基本发展规律。

一、国家创新体系的结构逻辑

对于"整体"的认识研究往往起始于"个体"。早在国家创新体系理论构想尚未提出之时,随着科学技术对经济社会发展的引领推动作用日益增强,尤其是 18 世纪 60 年代从英国发起的第一次技术革命,以开展科学研究、推动技术进步为任务的创新组织已成为理论研究的主要对象。

技术创新主体从个人到企业组织的演化,是推动人类科技创新史的一项重大发明。保障激励创新知识产权制度的历史远比企业的历史来得久远。1236年,英格兰国王亨利三世曾颁发给波尔多市民制作各种色布15年的特权,这被誉为知识产权制度的起源。几个世纪后,1602年,世界第一家股份有限公司荷兰东印度公司诞生。虽然这家贸易主导性公司在1799年解散,但它开启了以企业为组织开展创新活动的时代主流。至今对企业这一创新组织的研究仍延绵不绝。

企业在国家创新体系中处于十分重要的地位,发挥着技术创新主体作用。从18世纪英国第一次工业革命开始,企业积极自主地开展了各类技术创新活动,包括对生产工艺、产品制造、管理方法和生产技术的变革。其中,最引人注意的是科技创新与成果应用,它们推动人类社会相继进入蒸汽时代、电气时代、信息时代。企业在巨大市场利益诱惑和外部竞争威胁的双重驱动下,努力向产业价值链上游探寻,并寻找新的市场机会、创造新的客户价值。因此,当一个企业发展壮大,拥有强大的资金和技术实力之后,开展行业前沿技术研发成为一种集体自觉行为。

大学、科研机构作为知识生产的专门组织,在承担基础研究任务、引导全社会研发投入、促进科技创新方面发挥着策源地作用。世界上最古老的现代大学——摩洛哥卡鲁因大学,成立于859年。在转型为现代大学之前,它是一所以清真寺为基础的穆斯林宗教学校,当时只是传播知识的博雅教育场所。直至1810年德国威廉·冯·洪堡建立了具有研究功能的柏林洪堡大学,大学才逐渐拥有了人才培养与科学研究相结合的现代大学使命功能。1945年7月,在第二次世界大战即将结束之际,麻省理工学院范内瓦·布什(Vannevar Bush)应罗斯福总统的要求而写的《科学:无尽的前沿》(Science:endless frontier,简称布什报告)发表,这篇报告直接推动了国家科研机构的设立与发展。大学和科研机构是区域创新的引领者,它们需要与产业界合作,进行协同创新,充分发挥大学和科研机构在原始创新、集成创新、引进吸收消化基础上的再创新等方面的优势。

随着企业、大学、科研机构等在推动科技进步与社会发展的作用地位确立,世界各国陆续出台促进政府、大学、企业三者合作的科技与创新政策,以提高国家科技创新体系的整体效率。1980年,美国政府通过《拜杜法案》,允许大学可以拥有联邦财政资助形成的科技成果所有权、处置权。这一法案极大地促进了大学与产业界的合作，推动了美国的经济繁荣。2008 年、2011 年和 2015 年，美国又连续发布《国家创新战略》，以此来促进技术进步与创新发展，推动国家整体创新能力的提升。德国也分别于 2006 年、2010 年、2014 年、2018 年连续发布了《德国高技术战略》。2013 年日本也发布《科学技术创新综合战略》。这些国家层面的创新政策，推动科技创新贡献率持续攀升。在 20 世纪 80 年代中期，被喻为我国"第二次革命"的经济与科技体制改革同步启动，中共中央连续发布了《关于经济体制改革的决定》(1984 年) 和《关于科技体制改革的决定》(1985 年)，2006 年颁布了《国家中长期科学和技术发展规划纲要 (2006—2020 年)》，通过政策调控激励促进各创新主体间有机协作、发挥更大创新效能。

1997 年，美国学者亨利·埃茨科威兹 (Henry Etzkowitz) 在创新领域提出了三螺旋理论模型 (见图 2-1)，用以解释大学、科研机构、产业和政府之间的关系。三螺旋理论不刻意强调谁是创新主体，而是强调三者均是创新主体以及三者之间的合作关系。在三螺旋的三个构成主体中，产业是经济增长和技术创新的核心力量和主力军，承担经济发展中的大部分技术创新；随着知识取代自然资源和资本成为生产力的第一要素，高校在社会中的作用也从知识的传播、生产转变为创新创业、经济发展应用，创新也成为高校的责任之一；政府作为国家推进机器，有责任和义务助推高校和产业进行创新，为其提供政策支持，搭建协同创新平台。政府、企业、大学和科研机构这三类创新主体都承担各自的角色，三者分别在不同的阶段对科技创新起到主导作用。但是，三者在功能上也会出现汇聚，这一交叠领域内，除了完成各自传统的职能外，还需要进行三方的互动，各参与者相互作用，从而推动创新螺旋式上升。

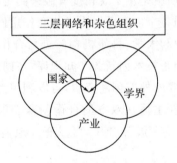

图 2-1　大学—产业—政府关系的三螺旋模式

二、国家创新体系的系统逻辑

国家创新体系(national innovation system，NIS)这一概念最早由英国经济学家克里斯托夫·弗里曼(Christopher Freeman)提出。他认为，国家创新体系是国家范围内各创新主体和创新组织通过各种要素间的相互作用、相互整合形成具有协同性、系统性的创新网络，在创新过程中促进创新体系内知识、技术等要素的加速流动，实现国家创新体系的整体效能提升。人们普遍接受的国家创新体系这一概念是 1997 年由经合组织(OECD)提出的，即"国家创新体系可以被定义为由公共部门和私营部门的各种机构组成的网络，这些机构的活动和相互作用决定了一个国家扩散知识和技术的能力，并影响国家的创新表现"[1]。

企业、高校、政府和中介机构构成了国家创新系统的要素(如图 2-2 所示)，它们都是创新系统中的主体。企业作为技术研发的主要力量，是国家创新系统的行为主体。企业的创新活动是市场驱动的经济活动，其创新活动以创造收益、扩大市场占有率为主要动机，受市场需求的引导。大部分企业的技术研发主要集中于应用技术和新产品研发。大学、科研机构与企业性质不同，其创新活动一般具有非营利性，注重基础研究。大学在培养人才的同时也开展科研，这种教学与实践模式相结合的教育模式有利于人才的培养；科研机构主要开展与国家利益紧密相关、涉及国计民生的高风险、耗资大、企业无力承担或不愿开展的技术研究。中介服务机构在各个创新主体之间起到重要的桥梁作用，政府在创新发展中起到产业发展战略和政策引导作用。

国家创新体系的实质就是从宏观角度着眼来制定国家中长期科技发展战略和知识创新工程，加强整个创新系统内的相互作用连接网络，包括加强企业和企业的创新联合，企业和大学、科研机构的创新合作。大学、科研机构主要进行的是基础研究，它们是技术创新源和知识库，在国家创新体系的建设中起到骨干作用。企业是重要的外部创新资源，可以利用大学、科研机构来提升自身的科技创新能力。创新主体在双方的合作创新需求(见表 2-1)[2]下以不同的协同创新形式(见表 2-2)[3]展开合作，可以有效地消除政府、大学科研院所

---

[1] OECD. The National Innovation System[R]. 1997.
[2] 叶伟巍. 产学合作创新机理与政策研究[D]. 杭州：浙江大学，2009.
[3] 叶伟巍. 产学合作创新机理与政策研究[D]. 杭州：浙江大学，2009.

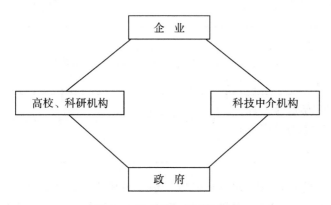

图 2-2　国家创新体系的构成

和企业之间的壁垒,促使政府的政策链、大学科研院所的专业链、企业的技术链达成一体化状态的优势,提高人员、信息、专利成果等相关资源的利用率,发挥创新主体之间多方融容、合作进步、协同作战等多种作用。

表 2-1　创新主体间合作的动因分析

研究视角	动因
交易成本理论	合作创新机制是提高资产回报率、增加组织间效率以及降低单位成本的合适途径
资源观视角	跨组织的合作创新可以获得对关键资源的控制,将不同组织所拥有的互补资源进行整合,同时使创新合作给本身自主性带来的威胁最小化
产业组织理论	解决受知识产权保护有限的技术遇到的市场失灵状况,完善市场配置
战略决策视角	通过协同和扩展的市场能力来产生效益

表 2-2　产学研合作形式及其代表案例

产学研合作形式	案例
技术成果转让	浙大网新,浙大中控,新和成,湖州巨人集团等
联合课题攻关,服务区域块状经济	浙大分别在制笔行业、纺织产业、小家电产业、啤酒工业方面进行联合课题攻关,为产业的发展提供了重要的知识技术支撑,提升了产业价值,带来巨额利润
企业投资在高校创办工程技术中心或联合实验室	浙江省新药创制科技服务平台,浙大华为,浙大卧龙电机、电气工程技术中心,浙大民生药物研究中心等

续表

产学研合作形式	案例
企业和大学双方投资兴建新的企业实体	浙大国芯(数字电视芯片),浙江博尚电子有限公司(金华)等
高校创办以产学研为主的高新技术园,直接孵化高新技术成果	立立电子(太阳能材料),金成科技(数码彩色扩印设备),新和成,湖州巨人集团等

不可忽视的是,企业、大学和科研机构三者属于异质性组织,有各自的性质、定位、利益取向,所以,它们之间也存在较难协同的问题。企业是营利性组织,它们进行的是技术的直接应用和技术研发,这些应用研发最终是要转化成产品投入市场,其目标是获得经济效益。大学、科研机构是人才培养基地和技术成果的研发地,也是知识的创造和传播者,具有传播学问、扩大知识领域以及应用研究成果为公众服务等职能,其主要进行的是基础创新研究,是非营利性组织。不同类型的创新主体之间特征属性、战略定位、评价与利益分配机制不同,这种导向性障碍是制约产学研协同创新效率提升的深层次原因。

三、国家创新体系的生态逻辑

随着对创新主体间关系研究的深入,发现仅依靠创新主体间的自发合作或通过制度激励促进不同主体间的协同,虽然在一定程度上可以促进国家创新能力的提升,但是国家创新系统运行的效率仍然有待提高。于是,学者们逐渐转向对政府创新政策和创新中介组织的研究。

创新政策从解决国家创新体系的"市场失灵"问题,正逐步转向解决"系统失灵"的难题。第二次世界大战后,日本、西欧经济逐渐恢复,在某些领域开始形成与美国抗衡的实力,美国政府意识到之后遂在国防、卫生、航空航天、能源、环境等多个领域制定多项法案政策,加大对基础研究的投入,建立多个工程研究中心和科学技术中心促进技术成果转移转化,提升国家的整体创新效率。之后,日本政府在20世纪70年代确立了"科技立国"战略,采取综合性措施,将重点从产业技术的引进模仿转变为强化自主基础性研究,并持续增大投入,使技术水平得以不断提高。为了追赶这些科技强国,我国政府也相继出台多项政策文件,强调发挥新型举国体制在实施国家科技重大专项中的作用、明确创新主体的功能地位、突出人才在科技创新中的重要作用等。国家创新政策的制定,为科技创新发展提供法律和制度层面上的保障,是加快推进科技创新为核心的全面创新以构建国家创新体系生态的重要手段。

创新中介组织是国家创新体系生态建设中不可或缺的重要一环,成为解决"系统失灵"难题的生力军。其主要职责是为我国的科技产业界提供技术创新服务,扮演着传递政府扶持政策、传递宏观信息、提供技术供给和需求信息的载体角色以及技术产品价值实现的角色,为创新生态的营造做出了重要的贡献。目前为止,虽然我国创新中介组织的"质"与"量"都得到了显著的提高,但是,创新中介组织的发展仍没有达到市场经济对要素市场发展的要求,创新中介组织所解决的问题大部分是由于创新主体之间信息不对称所引起的,现在的发展水平并不足以应对创新发展变革带来的挑战。

产学研深度融合的"四不像"新型研发机构悄然兴起,探索克服企业、大学、科研机构等外部性合作瓶颈的新体制机制。20世纪初,美国电话电报公司为了确保他们在新兴的长距离电话通信领域的竞争优势,成立了贝尔实验室。此后,贝尔实验室一直致力于基础研究、系统工程和应用开发,为全世界带来了一系列的突破性创新产品,如第一台传真机、通信卫星、太阳能电池等。随后,一些西欧国家为了能够加快经济发展和提高应用研究水平,也相继建立了一些研发机构,如1949年成立的德国弗朗霍夫协会等。改革开放之后,我国为了深化产学研合作、进行技术创新追赶,也探索成立了新型研发机构,如1996年成立的深圳清华大学研究院,开启了我国"四不像"新型研发机构建设的探索性发展、规模化发展。

近年来,新型研发机构如雨后春笋般涌现,已从市场的"偶然"转变成了各级政府推动的"必然",或由政府主导设立,或在政府支持下由大学、科研院所为主建设运营,又或者由企业或者社会力量举办。这些机构在体制机制、人才引进、成果转化等方面取得了一些成效,但是仍然存在诸多问题。比如,建设的质量参差不齐,功能定位模糊不清、角色重叠现象十分严重等。一些新型研发机构仅仅是因为一个合作项目或者短期契约建立起来的,在项目结束或契约到期后,其功能便也随之消失,没有一个持续的生存发展动力,无法形成固定的科研团队、科研平台,不是一个间质性的"稳定态"存在。从创新生态系统的视角来看,这些都不利于对国家创新体系进行优化重构。

综上所述,在国家创新体系的结构视角下,其研究重点是培育形成各类创新主体并促成主体间的链接;在国家创新体系的功能视角下,其研究重点是实施创新活动、完善创新体系、提升系统创新绩效;在国家创新体系的生态视角下,其研究重点将变为系统自稳态和自演化、功能主体的繁荣度、价值流/要素流与动态均衡等方面。国家创新体系的优化重构,关键是处理好政府与市场的关系,既要政府在国家创新动员过程中发挥导向作用,又要市场在要素配置体系中发挥决定性作用,建立一批"战略科创平台"。在科技与经济一体化发展的新经济时代,经济社会发展需求倒逼创新体系变革,在政府与市场之间催生出一类既能够服务国家战略、具有较强经济外部性的科研组织,又具有自我造血功能、充分发挥市场作用的运营机构。

尽管战略科创平台还是一个新生概念,还没有一个明确清晰的定义,但可以肯定的是,战略科创平台作为市场经济下产生的"科研特区",是适应全球经济和科技发展需要而出现的新的科研组织形式。与传统的研发机构相比,战略科创平台具有目标定位清晰、产学研深度融合、体制机制突破创新、科技成果转化加速、促进科技企业孵化、引进创新人才和高端人才聚集等方面更加明显的优势。当前,战略科创平台有一部分是一经成立便是了,还有一部分是由一些新型研发机构能级提升转化而成。但是,不管是以哪种方式形成的,它都在逐渐发展成为国家战略科技力量的生力军,在研究型大学、国家科研机构、科技领军企业和政府所不能独立支撑和无法协同解决的领域,发挥着重要支撑作用。从另一个角度看,战略科创平台作为研发机构的一种类型,也是国家创新体系的重要组成部分之一,而且是用新体制新机制建立起来的新型机构,它的出现不但能够弥补原有创新体系中缺失的科技力量,而且能够更好地联动政府—企业—高校三者之间的关系,形成战略清晰、主体明确、资源叠加、共生共赢的创新生态,从而在国家创新体系建设中异军突起,成为各方广泛关注的创新载体。

第二节　战略科创平台的实践演化

第二次世界大战结束后,以美国为首的西方国家愈发注重科技投入,尤其是基础研究投入,在研究型大学体系之外纷纷设立了国家科研机构,专门从事科技与产业创新活动。这些机构逐渐成为面向国家重大战略需要的创新平台。国际上对于战略科创平台在促进创新发展中的作用重视得比较早,而且很多战略科创平台一开始就是由政府资助建立的。相对于国内而言,更多的是科研院所、高等院校由于科技体制改革、社会服务需求牵引而自主自发地建立起来，慢慢转变成为国家和社会认可的科技创新力量。从战略科创平台实践演化的发展动力机制来看，可以从科技竞争逻辑、产业竞争逻辑和创新竞争逻辑这三个方面来考察。

首先，从科技竞争逻辑来看。第二次世界大战结束之后，一些欧美国家为了加快科学技术发展，形成科技发展优势，促进战后经济重建，提高应用研究水平而支持建立许多公共科研机构。在这一阶段主要是遵循古典主义经济学的理论，崇尚自由经济，政府对于战略科创平台的建立发展并没有过多地进行干预，而仅是给予经费方面的支持。而当今时代，国家之间的竞争转变成为科技的竞争，全球科技竞争堪称残酷，激烈程度前所未有。人类社会的生产、生活、创造、治理，以及人类自身、人与自然的关系等都处在重大变革的前夜。新一轮科技革命正以量子技术为制高点，在人工智能、生物科学、地球空间科学等领域多点开花、集群突破。各主要大国都把科技作为本轮战略博弈的核心，以物理空间和虚拟空间为竞技场，政府强力推动，科技巨头领军，明争技术优势，暗夺数据霸权。

其次，从产业竞争的逻辑来看。在冷战时期，以美国和苏联为首的科技军事强国开始进行军事实力和经济实力的比拼，政府开始逐渐颁布一些政策来影响研发机构的研究方向，进行一些军事、航天等基础研究及应用研究内容。比如，这一时期美国成立了美国国防高级研究计划局（DARPA，简称达帕），其目的就是为了研发出更多的先进武器，与苏联进行军备竞赛，在军事前沿科技上击败苏联。与此同时，世界主要发达国家也逐渐意识到产业竞争地位的重要性，颁布实施一些措施促进本国关键核心产业领域的发展。比如，为了抢占半导体行业的优势发展地位而成立一些研发联合体：美国在20世纪80年代为恢复本国在半导体制造领域领先地位而成立的美国半导体制造技术研发联合体（简称SEMATECH）；日本为了缩小与美国的差距于1976—1979年成立的超大规模集成电路技术研究所。

最后，从创新竞争逻辑来看。在2008年金融危机席卷世界各国后，全球经济受到巨大冲击，各国政府纷纷出台相关政策进行"救市"，世界经济格局发生重大变化，进入深度调整期。各国都将科学技术作为推动经济发展的关键力量，国家科技的竞争优势成为国家间竞争的关键。产业更新换代速度日益加快，生物医药、信息技术等新兴产业不断向前发展，创新活动不断突破地域、组织和技术的界限，整个科技创新链条变得更为灵巧，基础研究和知识生产正发生深刻的变化。因此，世界各国纷纷加大了促进产学研合作的力度，重视基础科学向产业领域的延伸,从政府层面积极地颁布各类政策,以此来促进大学、企业和科研机构进行合作,推进这种集科技创新和成果产业化为一体的战略科创平台的大力发展。比如,英国政府于 2010 年 3 月发布的《技术与创新中心在当前及未来英国的角色》(Technology and Innovation Futures)报告,指出英国不能够将国内雄厚的科研实力有效转化为经济实力,应该学习德国弗朗霍夫协会的成功经验,成立一批根植本国国情的技术与创新中心,架起科学研究和技术应用商业化的桥梁。

当前,国内学术界一般将新型研发机构代指对战略科创平台的研究,这显然是不够完整的。但是,新型研发机构的整体发展进程中,也包含了对战略科创平台的历史演进考察。张光宇等[①]以经济、科技和教育三个维度对新型研发机构的影响来划分发展阶段,章熙春[②]以科技创新革命、产业经济和高等教育改革对新型研发机构发展的综合影响来划分发展阶段。本研究在此基础上,按照经济发展需求和创新能力供给之间的矛盾关系,将战略科创平台发展过程划分为"探索期—迭代期—规范期"三个阶段。

一、战略科创平台的探索发展期

改革开放极大地促进了科技和经济发展,不断地孕育催生创新研发的需求和能力。在 20 世纪 90 年代后期,我国产业技术升级开始从模仿制造转为消化吸收,某些优势行业开始由低端向中高端发展。然而,随着国际局势的复杂化和竞争白热化,技术引进或者说"市场换技术"变得愈发困难,自主创新成为企业技术升级的唯一出路,特别是在经济发达地区,区域优势产业想要解决"卡脖子"技术难题的意愿更加强烈。我国的东部沿海地区率先进行改革试点,经济也领跑于国内其他地区,尤其是珠三角地区率先进入产业转型升级阶段,产业的技术和创新需求日益增加,但是科技资源相对匮乏。面对日益突出的"技术需求不断增长、有效技术供给不足"矛盾,建设能直接支撑产业技术创新的战略科创平台,就成为一些地区填补创新链缺失环节、完善区域创新体系的必然选择。于是,地方政府积极探索,为了更好地服务企业、促进产业升级,主动邀请国内外高校、科研院所在本地以新的体制机制共同建立战略科创平台。

---

①　张光宇,等.新型研发机构研究——学理分析与治理体系[M].北京:科学出版社,2021.

②　章熙春,江海,章文,资智洪.国内外新型研发机构的比较与研究[J].科技管理研究,2017,37(19):103-109.

深圳市人民政府比较早地注意到经济发展需求与科技创新供给之间的矛盾,于1996年与清华大学合作成立了深圳清华大学研究院,这也成为国内最早建立的战略科创平台。不同于传统的以学术研究和人才培养为主的研究机构,深圳清华大学研究院一开始就采用企业化的运作方式,实行理事会领导下的院长负责制,并有着鲜明的产学研结合导向。经过长期的实践探索,深圳清华大学研究院提出了著名的"四不像"研发机构特征,即研究院既是大学又不完全像大学,文化不同;研究院既是科研机构又不完全像科研院所,内容不同;研究院既是企业又不完全像企业,目标不同;研究院既是事业单位又不完全像事业单位,机制不同。"四不像"概念的提出,标志着战略科创平台以新型研发机构的形式进入公众视野和公共政策话语体系。后来,深圳清华大学研究院的理事会治理制度、推动产学研结合、扩展孵化投资板块等做法,也成为战略科创平台的制度设计样板和发展模式案例。

为了贯彻落实国务院批准实施的《长江三角洲地区区域规划》,2003年浙江省和清华大学战略合作,在浙江省嘉兴市成立了浙江清华长三角研究院。研究院面向长三角地区经济社会发展需求,更好地发挥清华大学的社会服务职能,大力开展科技创新、技术服务、人才培育和高新技术产业化工作,成为校地合作的典范香满园。成立之后,研究院将清华大学学科优势与长三角地区经济发展、人才需求相结合,为政府和企业提供高质量的技术解决方案,持续转化清华大学高水平的科研成果,发挥了高水平大学的创新辐射作用,有力促进了区域的经济社会发展。

在探索发展这一时期,战略科创平台为了适应经济发展的需求实现了"从无到有"的蜕变,尤其是珠三角、长三角这些经济发展活跃的地区,更加需要加快科技成果转化,以科技创新来引领产业发展,因而战略科创平台更多是为了经济和产业的发展而建立的。战略科创平台的管理体制、运行机制、研发模式在此之前并没有先例可循,更多是边实践边摸索、边发展边规范,形成了战略科创平台的早期雏形。

二、战略科创平台的迭代发展期

2006年,国家颁布了《国家中长期科学和技术发展规划纲要(2006—2020年)》,明确指出科技工作指导方针是"自主创新、重点跨越、支撑发展、引领未来",提出要把提高自主创新能力摆在全部科技工作的突出位置,营造良好的环境和条件,培育和凝聚各类科技人才特别是优秀拔尖人才,充分调动广大科技人员的积极性和创造性。

2006年1月,中国科学院、深圳市人民政府、香港中文大学共同创建了中国科学院深圳先进技术研究院。经过几十年的建设,中国科学院深圳先进技术研究院以其突出的科技创新和产业孵化绩效,成为国内战略科创平台的典范,并得到了政府、企业、社会的认可和赞扬。2007年,华大基因集团创始人和部分科研人员一起脱离国有体制,在深圳市人民政府与国家开发银行分行的支持下创办了深圳华大基因研究院,探索社会力量主导的新型研发机构建设之路。作为我国改革开放的前沿,深圳特区在创办之初可谓"科技沙漠"。经过40多年的发展,深圳逐渐形成了以企业为主体、市场为导向、产学研相结合的技术创新体系,90%以上研发机构、90%以上研发人员、90%以上研发资金、90%以上发明专利来源于企业,俨然成了充满活力的"创新绿洲"。①

同样是在经济活动十分活跃的长三角地区,企业对于技术创新的需求日益提升,但由于创新资源在空间上分布不均匀,以及产学研合作存在体制机制障碍,愈发需要建立战略科创平台来弥补创新能力供给不足、无力支撑产业转型升级的问题。在此时期,江苏省产业技术研究院、上海产业技术研究院等机构纷纷成立,许多高校也在长三角地区与地方政府、企业合作共建研发机构,用以支撑区域人才培养和科技创新。在这一时期,战略科创平台在以产业发展为单一导向的基础上加入学科导向,以学科交叉融合发展带动技术的突破创新,进而促进产业经济的快速发展。基于国内部分先行地区的成功实践,这些自下而上建立起来的战略科创平台,逐渐形成了星星之火开始燎原的态势。

三、战略科创平台的规范发展期

在《国家创新驱动发展战略纲要》《"十三五"国家科技创新规划》等国家重大战略规划中,战略科创平台以"新型研发机构"的名字,第一次在国家层面上被正式认定,并在中央政策文件中被提出。2019年科技部发布《关于促进新型研发机构发展的指导意见》,明确指出,要发挥新型研发机构的科技创新作用,期望通过相关政策鼓励其发展,提升国家创新体系整体效能。国家政策文件中重点强调,要重视对研发机构的创新、培育和发展,充分重视科研与产业

---

① 曾国屏,林菲.走向创业型科研机构——深圳新型科研机构初探[J].中国软科学,2013(11):49-57.

的紧密结合。在政府政策支持和科研体制改革逐步深入的背景下,我国成立了一批基于市场需求为导向,采用经费自筹、独立核算、自主营销和自负盈亏的企业化运作模式的科研机构。它们以创新为手段、增收为目的,实现科学发现、技术发明和产业发展三者的有机融合为目标,着力构建科技研究、技术开发、企业孵化、产业化应用一体化的科技创新链条,以此来打通经济与科技的融合壁垒。①

地方政府越来越重视以新型研发机构打造战略科创平台,纷纷出台相关政策,推进新型研发机构的建设和发展。例如,重庆市发布的《重庆市新型研发机构培育引进实施办法》、安徽省颁布的《安徽省新型研发机构认定管理与绩效评价办法(试行)》、上海 2019 年颁布的《关于促进新型研发机构创新发展的若干规定(试行)》等,鼓励和支持国家/省级实验室体系、区域科创中心、未来产业研究院等新型研发机构建设。如果说之前企业、高校自发自主建立的战略科创平台仍存在研究内容、目标定位的重复,体制机制不够创新,自身造血能力不足等诸多问题。那么,这一阶段的战略科创平台更多的是在国家政策引导下建立的,以学科建设、产业发展为基础,进行体制机制的完善,逐渐成为区域科技创新和战略性新兴产业发展崛起、促进国家创新体系整体效能提升的重要平台。

第三节　战略科创平台的现状概述

欧美发达国家的战略科创平台发展建设较早,其目标定位、领域布局、发展类型、数量规模都已经较为完善,发展成效也十分显著。战略科创平台作为国家鼓励和引导科研的有效补充形式,在医疗卫生、科学教育、文化建设、航空航天、生物医药、集成电路等领域发挥了十分突出的作用,是发达国家技术创新研发的重要推动力。尤其是对于美国、英国、欧洲、日本这些创新力量十分强大的创新型国家而言,这些战略科创平台承担了国家技术创新研发应用的很大一部分任务,在促进社会经济的可持续高质量发展过程中占有独特的地位。

与国外相比,我国战略科创平台的建设发展起步较晚,但是近些年来战略

---

① 李江华.校地共建新型研发机构的协同治理研究[D].武汉:华中科技大学,2019.

科创平台数量规模在快速增长，各种形态的战略科创平台数以千计。其中，珠三角、长三角和京津冀地区战略科创平台增长势头最为迅猛。比如，广东省已进入产业转型升级攻坚期、经济结构调整加速期和科技创新活跃期，涌现出一批又一批战略科创平台，如深圳光启高等理工研究院、华大基因研究院等都是较为典型的战略科创平台。江苏省自 2010 年以来先后启动建设 10 家省级产业技术研究院，建设规划总投资 27.54 亿元，政府先期拨款 5600 万元，引导社会投入 26.98 亿元。浙江省也陆续建设了一批创新性的研究载体，如浙江清华长三角研究院、之江实验室、浙江大学杭州国际科创中心等都是比较典型的战略科创平台。

作为我国新一轮科技创新体制机制改革的突破口，战略科创平台高度契合国家实施创新驱动发展的战略部署和国家创新体系建设要求。近年来，随着国家政策和产业升级的影响，战略科创平台如火如荼的发展建设，已经成为了推动国家科技进步和产业发展的新动力，平台建设数量不断增加、发展规模不断扩张、能级不断提升。总体来看，战略科创平台在我国的建设仍然处于起步阶段，在综合实力上仍然比较薄弱，其体制机制还需要不断地通过实践探索进行完善。

一、战略科创平台的主要类型

对于科研机构，科学技术部将其划分为四种类型，分别是技术研发型、基础研究型、社会公益事业型、农业科学研究型。王星宇[①]依据研究组织的独立性，将科研组织划分为独立型科研组织和非独立型科研组织；依据其紧密程度，将其划分为紧密型科研组织和松散型科研组织。任志宽和龙云凤[②]按照法人性质不同，将新型研发机构划分为事业单位、民办非企、企业；按照建设主体，将其划分为校地共建型、院地共建型、科研院所自建型、企业自建型、专家自建型、高校自建型、政府主导建设型；按照功能定位，划分为源头创新型、成果转化型、创业孵化型、技术服务型、科教并重型；按照制度属性，划分为国有新制型、企业及联盟创建型和官办民助型。本研究依据战略科创平台建设主体的不同，将其划分为三种类型，分别是政府主导型、高校和科研院所主导型、社会力量主导型。

---

① 王星宇.高校社会科学基层科研组织形式研究[D].天津：天津大学，2015：14.
② 任志宽，龙云凤.解密新业态：新型研发机构的理论与实践[M].广州：广东人民出版社，2020.

政府主导型战略科创平台,是以国家或地方政府根据产业发展战略需求推动构建的一类机构,一般会联合多家单位、联盟、协会等共建。其主要特征表现为:一是法人性质属于事业单位,且设置了一定行政级别或者机构管理层纳入行政管理序列,由政府主导建设和参与机构治理运行,政府为主要出资主体;二是其运行体制机制相对传统科研机构更为灵活,但也要受政府部门监管,介于企业和纯行政级别事业单位之间的组织形态;三是研发目的以服务产业、企业需求为主,对市场约束的敏感性较低。例如,江苏省产业技术研究院、广东省智能机器人研究院、之江实验室等。

高校和科研院所主导型战略科创平台,以大学、科研院所为主要依托单位,由省内外高校或科研院所与地方政府或企业共同建设,其性质大多为事业单位。其主要特征表现为:一是以高校或科研院所经营管理为主,深度对接产业,旨在促进科研成果产业化,推动产业发展,重点完善成果转化机制以加快科技成果转化,依托所在高校学科优势,充分发挥科技成果转化、科技中介咨询的作用,使得高校能够更有效对接地区产业,更好衔接应用研究和基础研究;二是具有较为完善的人才、知识、技术储备,拥有较强的学科、人才、研发平台及科研成果的积累,拥有较多的科研成果储备,在基础研究和创新科学研究方面具有很大的优势,可以说是最大的技术供给方;三是具有教育功能,能够向社会输送大批科技人才,对于科技的传递具有重要作用。例如浙江大学杭州国际科创中心、中国科学院深圳先进技术研究院、华科东莞制造工程研究院、深圳清华大学研究院等。

社会力量主导型战略科创平台,由企业、社会组织、行业协会等社会法人采用自建或共同组建的方式创设,或者联合其他单位、科研团队、企业家或海外归国人才发起或创立的机构。当企业主导发起这类机构时,往往会出于经营管理需要,将内部科研机构外部化,从而衍生出来独立法人的研究组织。该类型机构具有以下特征:一是研发导向的市场性明显,主要是基于关键技术的研发而建立,服务于特定的行业需求,反映了某个行业的共同创新需求;二是研发的目的以满足公益性的研发技术需求为主,社会需求较高;三是机构运行方式以市场化、企业化为主,通过技术转移、研发合作、技术产业化来持续获得开办资源支持。例如深圳光启高等理工研究院、深圳华大生命科学研究院、中国电子科技南湖研究院、广东华南家电研究院等。

二、战略科创平台的领域布局

近些年来,战略科创平台总体发展迅速,数量快速增长,形态各有特色,其组织形式、运行机制、投资主体等都呈现出多样化的特征。在产业上,大多布局在关键核心技术和战略性新兴产业;在地区分布上,大多位于经济活跃地区,呈现出领域聚焦、集中分布的特点。

战略科创平台的建设与国家战略布局或当地的经济发展及产业布局有关,其布局要依据国家与区域经济社会发展的需求,设计组织结构,明确研发任务,开展研发活动,转化研发成果,最终形成产业价值。可以说,需求导向是科创平台的生命源泉。[①] 因此,战略科创平台在新兴行业和未来产业的集中度比较高,主要分布在电子及通信设备、交通运输、医药、航天、能源等领域。如北京生命科学研究所、华大基因研究院均是依据国家发展战略需求以及社会发展需求建立的,其抢占了基因科学的制高点,赢得了极大的发展先机。中国科学院深圳先进技术研究院采取"科研+产业+资本+教育"的发展模式,重点研究发展微型协同创新生态系统,布局机器人、新能源与新材料、云计算与物联网、健康与医药四个领域,在蛇口、上海等地成立了四家具有当地特色的产业培育基地。北京市在"十四五"期间,将在光电子、区块链等前沿领域继续布局建设一批新的科创平台,并在运行机制、支持方式、人才引进、绩效评价、成果转化方面以更大力度探索制度创新,在"卡脖子"的关键领域实现突破创新。

从区域分布来看,由于东部地区经济发展较快,产业转型升级压力较大,战略科创平台的建设发展也就比较早,加之地区原本的经济基础和雄厚的科教资源,该地区的战略科创平台发展整体势头较好,而东北地区则处于一种整体落后的状态。参考新型研发机构建设布局分析来看,根据《2022年新型研发机构发展报告》数据统计,截至2021年底我国共有新型研发机构2412家,东部地区有1445家,占比为59.9%;中部地区有553家,占比为22.9%;西部地区有331家,占比为13.7%;东北地区有83家,占比仅为3.4%。按照省域划分,江苏、湖北、山东、广东、重庆的新型研发机构数量总共有1446家,占全国总量的60%。从园区分布情况看,125家高新区内注册有850家新型研发机构,南京高新区、合肥高新区、深圳高新区、苏州高新区等27家国家高新区中新型研发机构数量达到529家,占比21.9%。

[①] 高冉晖,张巍巍.我国新型研发机构发展现状研究[J].价值工程,2015,34(33):45-47.

三、战略科创平台的发展路径

战略科创平台的发展模式可以概括为"创新主体主导、资源支持、市场牵引、开放运作",其中创新主体包括政府、高校、企业和社会这四个方面。按照战略科创平台的功能划分,其发展模式包括源头创新型、成果转化型、创新孵化型、技术服务型、科教并重型这五种。

源头创新型是指战略科创平台会在某一领域掌握关键核心技术,在国内外同行中具有不可替代的作用。在实际运行中,该类型科创平台一般瞄准战略性新兴产业,不走技术引进、模仿创新的老路,从创建开始就大胆开辟新的技术领域,应用新的技术手段,致力于尖端科技研发,推动行业和产业变革。如深圳华大生命科学研究院成立于 1999 年,是全球最大的基因组学研发机构。该研究院以"产学研"一体化的创新发展模式引领基因组学的发展,在基因测序、重大疾病组学、人工合成酵母基因组等技术领域形成了一系列原始创新技术。

应用牵引型是指战略科创平台聚焦重大应用牵引的技术创新,通过场景驱动创新,推动新技术的研发、转化和应用,加速科技成果产业化。其主要特征有:一是大多全职人员以市场开发为主,是技术、市场、客户、产品等领域的专家,掌握产业链的基本信息;二是虽然具有一定的研发功能,但研发活动并不以科研为主要目的,具备较强的市场驱动特征;三是它能产生引领产业变革的新技术,加速知识价值的识别和转化。如广州中国科学院工业技术研究院成立于 2005 年 10 月,是国家级技术转移示范机构、中国科学院平台型技术转移中心,构建产业技术联盟推动科技成果到企业落地转化的发展模式。

创业孵化型是指战略科创平台主要依托产业基金,以创业孵化为主要方向,以孵化企业、所企合作和衍生企业等创业方式直接推进成果变现,推动科技创新与创业的结合,实施创新创业活动。如深港产学研基地以产业发展中心为载体,以创新服务为核心,初步建立了完善的创新创业服务体系,吸引北京大学、香港科技大学的科技成果来深圳转化,先后发起成立 20 余家高新技术企业,分布在集成电路设计、数字高清媒体、数字城市和社区管理、智能语音、污水处理、高分子材料、运动控制等多个领域。

技术服务型是指战略科创平台依托自身研发能力和仪器设备,为社会提供各类研发与技术服务。这种发展模式的战略科创平台在创新集群形成中可以提供条件资源共享、技术研发、技术成果转化与推广、产业技术人才培训与交流等服务,能降低运营成本、促进知识共享,推动企业创新和产业发展。其主要服务领域为国家重点产业与新兴产业发展领域,为产业发展提供全方位的科技服务,支撑产业发展。如深圳创新设计研究院以创新设计为切入点,与海尔、美的、无限极、中国科学院深圳先进技术研究院等大型企业及科研院校建立广泛合作,提供技艺融合创新设计开发服务、3D 打印服务、资源整合服务等服务内容,为企业提供从产品外观、结构到产品性能的全流程技术服务。

科教并重型是指战略科创平台把教育与科研融合在一起,既包括高端人才教育,又开展研发工作,形成由科研、教育、产业、资本构成的"四位一体"发展路径。如东莞松山湖国际机器人研究院致力于培养机器人和高端装备技术工程师和技术管理领军人才,采用基于项目和课题学习的办学模式,与东莞理工学院、广东工业大学、香港科技大学四方合作共建粤港机器人学院。该学院自 2015 年起已招收 4 届近 400 名学生。通过创新人才培养、多专业融合、校企联合培养、全程项目驱动教学等方式,对学生进行深度创新创业教育,着力培养学生快速学习新事物的能力、主动学习和终身学习的能力、精益求精的工匠精神,形成了人才教育和科研并重的体制。

中篇　实践模式

第三章　政府主导型战略科创平台

在国家创新体系中,政府主导型战略科创平台是"国之大者"的体现,掌握着巨大的创新资源和动员能力,能够以系统工程方式组织实施关键领域的大科学计划,是国家战略科技力量的象征和创新"国之重器"的载体。随着世界主要科学中心和创新高地的演化发展,各国政府清晰地认识到科技创新的关键作用,争相发展国家实验室、大科学中心、重大科学基础设施等战略性科技创新平台,以政府主导的方式配置创新资源、汇聚顶尖科技人才、组织科学研究和技术开发、推进科技成果转移转化,逐渐形成使命导向、战略引领、开放协同的有组织科研攻关模式,展示了以举国体制实施科技创新和服务国家重大需求的巨大组织优势。

第一节　发展概况

20 世纪以来,知识生产范式发生重大变革,科技创新在国家安全、社会发展和公共决策中愈趋发挥关键性作用。尤其是第二次世界大战中"曼哈顿计划"的巨大成功,让各国意识到集聚顶尖创新资源、体系化设计与组织重大科学工程计划在实现国家意志和重大战略中的巨大能量,"大科学时代"随之到来。在这一背景下,各国争相发展国家实验室、大科学中心、重大科学基础设施等,例如美国国家实验室、法国国家科学研究中心、德国亥姆霍兹联合会、日本产业技术综合研究所等,政府主导下的战略科创平台进入飞速发展阶段。

一、政府主导型战略科创平台的发展历程

1. 国外政府主导型战略科创平台

美国国家实验室大多创建于第二次世界大战后至 20 世纪 90 年代。1945年,美国国家科学顾问范内瓦·布什在总统咨询报告《科学:无尽的前沿》中强

调了联邦政府在承担国家战略科研任务、确保科技竞争领先地位中的极端重要性。随后,参与了"曼哈顿计划"的阿贡实验室、橡树岭实验室、洛斯阿拉莫斯实验室、劳伦斯伯克利实验室等相继组建国家实验室。由于特定的历史背景和战略需求,这些实验室主要面向军工、核能、航空航天等事关国家安全和国际竞争的战略必争领域,从事大投入、高风险、长周期的先导性基础前沿研究和颠覆性应用技术研究,以及重大科技创新平台和基础设施建设等。在这一时期形成的战略任务导向、资源高度集成、学科综合交叉的科研组织模式也延续至今。当前,隶属于能源部、国防部、国家航空航天局等部门的 700 多家国家实验室构成了美国国家科技创新体系的核心支柱,这些国家实验室除了承担绝大部分国防科研工作和重大战略任务外,也取得了举世瞩目的突破性科研成果。以能源部国家实验室为例,根据相关统计,第二次世界大战后涌现出了 30 多位诺贝尔奖获得者,如若加上曾受雇用或在仪器设施、科研经费等方面得到支持的科学家,则累计获得诺贝尔奖超过 110 人次。

随着第二次世界大战后科研禁令的解除,德国在 20 世纪 50 年代重新获得科研自主权,随即在强调资源密集、依赖大型装备的核能、高能物理及航空航天领域布局了一批大科学装置和研究中心。并且,与随后在生物医学、信息学等领域相继出现的新兴独立科研机构一并组建了相对松散的大科学中心联合会。在各级政府科技政策碰撞中,体现联邦政府战略意志的德国亥姆霍兹联合会于 1995 年成立,并且在 2001 年正式注册登记成为拥有专职主席和自主管理职能的机构。该联合会着眼于德国中长期战略科技任务,聚焦能源、地球与环境、生命科学、关键技术、航空航天与交通以及物质科学等 6 大领域,依托大型科学研究基础设施从事面向未来的前瞻性基础研究,力图解决人类社会的可持续发展难题。德国亥姆霍兹联合会现有 19 个研究中心和 43000 多名员工,年度科研经费约 50 亿欧元,2007 年至今已产生 3 位诺贝尔奖获得者,是德国体量最大、实力最强的科研机构之一。

20 世纪 90 年代以来,全球开始进入文明竞合的长周期。国家安全虽然仍是各国主要关心的问题,但人类面临着共同的前沿科技难题以及气候变化、经济复苏、卫生健康、消除贫困等具有全球性挑战的解决方案,逐渐上升为比肩国家安全的战略性议题。"全球大科学时代"更加突显科技创新的多学科交叉会聚、跨领域协同攻关、产学研用深度融合等特征,国家战略科技力量面临更多使命和挑战,并由此引发了政府主导型战略科创平台的系列嬗变。

一方面,由于战略导向和科研范式的转变,政府主导型战略科创平台加快重组转型和体制改革。以日本为例,2001年第二期"科学技术基本计划"的出台标志着日本开始实施注重基础研究和自主技术研发的"科学技术创新立国"战略。随后,日本政府逐步整合分散的科研资源并推行国立科研机构独立法人制度,包括2001年合并原属于通产省的日本工业技术院,与全国15个国立研究机构成立具有独立行政法人资格的日本产业技术综合研究所。2016年,该研究所被确定为"特定国立研发法人"并获得了更大力度的支持,其法人也在人员调配、组织结构、资源配置、管理策略等方面拥有了更多自主权,这些都为进一步激发研究所创新活力夯实了制度基础。目前,研究所下设5个研究部门和2个研究中心,拥有遍及全国的11个研究基地和约2300名研发人员,持续为日本的科技创新与产业发展作出巨大贡献。

另一方面,政府主导型战略科创平台着眼新一轮科技革命和产业变革,加紧布局战略新兴领域,抢占未来发展新高地。以英国为例,21世纪是海洋世纪,以英国为代表的世界海洋强国纷纷瞄准国际公共海域制定海洋发展战略,兴起新一轮"蓝色圈地运动"。成立于2010年4月的英国国家海洋研究中心,整合了利物浦普劳德曼海洋实验室和南安普敦国家海洋中心,由英国自然环境研究理事会全权所有。作为世界顶级海洋学研究机构之一,其核心工作就是为整个英国海洋科研需求提供科学设备、技术与研究支持及科学咨询决策服务,并且在海平面科学、沿海和深海研究与技术开发领域取得了举世瞩目的成就。此外,随着海洋在国际政治、经济、军事、科技竞争中的战略地位上升,英国国家海洋研究中心已成为英国争夺深海版图的国家意志体现。

2. 国内政府主导型战略科创平台

在我国的国家创新体系建设中,政府主导型的战略科创平台占据关键核心位置,特别是以国家实验室为引领、以各地各级政府主导建设的新型研发机构为支点,形成了一支重要的战略科技力量。国家实验室作为体现国家意志、实现国家使命、代表国家水平的战略科技力量,是面向国际科技竞争的创新基础平台,是保障国家安全的核心支撑,是突破型、引领型、平台型一体化的大型综合性研究基地。我国的国家实验室体系建设起步较晚,但在2000年之前已经建成首批5家国家实验室,包括:同步辐射国家实验室(中国科学技术大学,1984年)、正负电子对撞机国家实验室(中国科学院高能物理研究所,1984年)、北京串列加速器核物理国家实验室(中国科学院原子能科学研究院,1988年)、重离子加速器国家实验室(中国科学院近代物理研究所,1991年)、沈阳材料科学国家(联合)实验室(中国科学院金属研究所,2000)。

在 2017 年全国科技工作会议上,科技部提出要按照"成熟一个、启动一个"的原则,在重大创新领域启动建设国家实验室。党的十九大之后,习近平总书记站在"两个大局"高度,亲自部署成立中央国家实验室建设领导小组,统筹推进国家实验室建设加速落地。面向国家重大战略需求和未来科技发展的制高点,新一轮国家实验室建设加快布局,"以国家战略性需求为导向推进创新体系优化组合,加快构建以国家实验室为引领的战略科技力量"成为我国"十四五"时期创新驱动发展的首要任务。截至目前,我国已经挂牌成立第一批 9 个领域的国家实验室,包括位于北京的昌平实验室(生命科学)、怀柔实验室(新能源)、中关村实验室(信息安全);上海的张江实验室(光电子与集成电路)、临港实验室(脑科学与生物医药)、浦江实验室(人工智能);合肥国家实验室(量子信息);深圳的鹏城实验室(网络通信);广州国家实验室(呼吸病)。我国的国家实验室实行中央统筹、科技部统一领导、地方支持落地建设的新型举国体制,采用"总部—基地—网点"的开放式网络化实验室体系模式。例如,依托浙江大学建设的临港实验室浙江基地、合肥实验室浙江网点等,都是国家实验室体系的重要组成部分。

与此同时,近年来我国还进一步加强推进国家实验室与综合性国家科学中心、国家技术创新中心、省实验室等体系的整体统筹谋划。各省市人民政府积极响应国家创新驱动发展战略,主动对标国家实验室建设标准和要求,依托相关高校院所和企业,着手打造高能级的具有战略科创导向的新型研发机构,探索构建各具特色的战略科技力量,争取建设成为国家实验室或进入国家实验室体系。广东、江苏、浙江、河南、湖南、湖北、四川等地方政府紧紧围绕优势特色领域,依托高校、企业、科研院所等核心机构,积极筹建高水平科研设施和研究实体,在以省实验室为排头兵抢抓国家实验室布局先发优势方面进行了有益探索。

广东省先后启动三批共 10 家省实验室建设,面向网络空间、先进制造、材料科学、再生医学、海洋科学、化学化工、生命信息与生物医药、现代农业、先进能源以及人工智能与数字经济等领域抢抓战略布局,同时加快探索"省市联动、地市主建、实体运作、充分自主"先行先试的体制机制。江苏省相继成立紫金山实验室、姑苏实验室、太湖实验室,探索实施首席科学家负责制、重大项目"揭榜挂帅"制等,已分别在网络通信与安全、材料科学、深海技术科学等领域汇聚了一批顶尖科研团队,建成了一批重大基础设施和科研平台,具备了承担国家重大科技任务的基本条件。河南省仅在 2021 年就揭牌运行了嵩山实验室、神农种业实验室、黄河实验室三家省实验室,并且还将在"十四五"期间高标准谋划建设10家突破引领、综合集成的省实验室,推动重构重塑省实验室体系基本形成,加快融入国家战略科技力量体系。

浙江省围绕"互联网＋"、生命健康、新材料三大科创高地,全面布局十大省实验室,着力打造"基础研究与应用基础研究、关键核心技术攻关、产业化对接融通的引领阵地和源头支撑"。目前,浙江省实验室已经挂牌成立之江实验室(智能科学与技术)、良渚实验室(系统医学与精准诊疗)、湖畔实验室(数据科学与应用)、西湖实验室(生命科学与生物医学)、甬江实验室(新材料)、瓯江实验室(再生调控与眼脑健康)、天目山实验室(航空)、白马湖实验室(能源与碳中和)、东海实验室(智慧海洋)、湘湖实验室(现代农业与生物制造)。为进一步完善浙江省全域创新体系,加快打造战略科技力量,浙江省近年来还面向"互联网＋"、新材料、汽车及零部件、现代纺织、智能物联、集成电路等六大领域,由省级政府主动设计布局建设省技术创新中心,依托创新能力突出的领军企业、高校和科研院所,整合产业链上下游优势创新资源,打造综合性或专业化的技术创新主体,组织开展前沿技术攻关。

从举国建设的国家实验室体系,到以实体化运行的国家技术创新中心、国家工程研究中心、省实验室、省技术创新中心等新型研发机构,其中很大比例是政府主导型的战略科创平台。这类机构面向确定的科技创新领域,服务产业技术创新,布局打造突破型、引领型、平台型的创新平台,解决产业共性关键技术问题,力争占据引领未来的创新制高点。比如,承载着科技体制改革"试验田"重要使命的江苏省产业技术研究院,就是江苏省委省政府于2013年建立的重大产业技术创新平台,以打造"高校(科研机构)与工业界的桥梁"和"全球创新资源与江苏的桥梁"为目标,借力省内高校和科研机构集聚优势,构建集研发载体、产业需求和创新资源于一体、产学研用深度融合的产业技术创新体系。目前,江苏省产业技术研究院已发展成为长三角国家技术创新中心建设的核心力量,承担着更大的责任与使命,以体制机制改革促进推动创新资源实现更大范围的高效率流转。

二、政府主导型战略科创平台的主要特征

政府主导型战略科创平台通常由国家或地方政府主导发起设立,主要以国家战略需求或产业战略需求为目标,聚力打造国家战略科技力量,体现国家战略意志和价值取向,是构建关键核心技术攻关新型举国体制的重要举措,是

有效提高国家创新体系整体效能、应对日趋激烈的全球科技与产业竞争的重要手段，对区域经济社会发展全局、产业国际竞争格局产生重大影响。

政府主导型战略科创平台通常有明确的使命导向和宏伟的目标愿景，具有新型举国体制的制度优势和良好的声誉影响，因而在资源配置上能够拥有长期稳定的财政支持经费，高度重视并依靠大型科研基础设施，也更有能力提供尖端的科研装备条件。例如斯坦福加速器国家实验室直线加速器相干光源（LCLS）、劳伦斯伯克利国家实验室先进光源（ALS）、劳伦斯利弗莫国家实验室国家点火装置（NIF）等几个典型的大型科研基础设施均由美国能源部的办公室出资建设，建设成本在几亿到几十亿美元不等，建设周期有的长达 12 年之久。

政府主导型战略科创平台也是高精尖创新人才汇聚的高地，如法国国家科研中心就拥有涵盖所有科学领域的超过 15000 名研究人员，自 1926 年中心创始人吉恩·佩兰（Jean Perrin）获得诺贝尔物理学奖以来，至今为止共有 23 位诺贝尔奖、13 位菲尔兹奖、1 位图灵奖获得者（来自官网最新数据）等众多著名科学家曾在该中心实验室工作过。江苏产业技术研究院在全球范围内遴选国际一流领军人才担任研发项目经理，并为其赋权组建研发团队，累计聘请 60 余位项目经理，其中包括国外院士 6 人、外籍专家 18 人，来自 GE、阿里、三星等全球知名企业 22 人，由项目经理吸引的全球顶尖专家近 500 人，形成以研究院为中心、海外代表处为节点的全球创新资源网络，从而甄选和吸引全球顶尖人才。

第二节　治理结构

治理结构是指通过法律、组织章程、组织内部规则等方式来明确利益相关者的责、权、利关系，从而确保组织的正常运行以及决策过程和结果的科学性，最终实现组织整体利益的最大化。政府主导型战略科创平台具有鲜明的国家使命导向和社会公益特征，其治理结构也突出反映了这一特点。但是，政府主导并不意味着政府直接参与建设，也可以在政府主导下由高校、科研机构、社会组织甚至企业参与战略科创平台建设与管理，体现在平台所有权与运行权的不同作用机制，由此形成政府主导、多元主体协同的治理结构。

一、政府主导、多元共治的外部治理结构

政府主导型战略科创平台的公共属性,决定了政府在其中发挥的主导作用和核心功能。这类平台一般由政府为主出资建设,吸纳社会力量参与建设运营,以解决国家重大战略需要和经济社会重大问题为导向,体现国家意志和战略目的,是举国体制开展科技创新活动的具体表现。政府主导型战略科创平台由政府设立并直接管理,资产设备归属政府所有,政府或者主管部门根据战略需要制定研究计划,并直接任命机构负责人和政府雇员。这一模式主要适用于面向国家核心任务和重大公共领域的科研活动,开展大投入、长周期、低经济回报率且具有战略意义和社会价值的"长期性、战略性、公共性、敏感性"研究的机构。

在美国,针对国防科研领域内从事高保密性科研工作的国家实验室通常采用这一治理结构。美国国家实验室一般隶属于联邦的政府部门,如能源部、国防部、NOAA(国家海洋和大气局)、NASA(国家航空航天局)等,由联邦政府拨款支持。其中,能源部是联邦政府在基础科学研究方面最主要的管理和资助机构,下设 24 个国家实验室和技术中心,如世界一流的橡树岭国家实验室、阿贡国家实验室等都归能源部管辖,超过 3 万名科学家在这些实验室和技术中心从事前沿研究,2013 年度能源部国家实验室的经费总量近 200 亿美元,在高能物理、核科学、等离子体科学、计算科学等领域的研究代表着当今世界最高水平。国防部下属的林肯实验室,以麻省理工学院辐射实验室为前身,负责承接国家对于地海空天多维打击和反导防御等关键技术领域的精准研发需求,国防部负责直接下达科研计划,并且提供约占实验室科研经费总量 96%~98% 的经费资助。隶属于卫生与公共服务部的美国国立卫生研究院,以探索医学与行为学的基础知识并用以预防和诊疗疾病、残障以及延长人类寿命为使命,下设 21 个研究所和 6 个研究中心,机构人员按照政府雇员形式管理,最新财年预算超过 500 亿美元,是美国乃至世界顶尖医学研究水平的代表。同时,它通过各类资助和研究基金实现对美国医学研究工作的支持、指导和调控。根据统计,研究院 80% 的年度研究预算用于面向 2500 多所高校、医院及各类研究机构的 30 多万名研究人员提供近 5 万笔竞争性资助。

美国国家实验室普遍实行"联邦政府—职能部门—运营实体—国家实验室"的分级治理模式。其中,联邦政府是最高决策机构,负责国家实验室的设立与终止、预算审批、外部评估等重大事项;能源部、国防部、卫生与公共服务

部等国家实验室隶属的职能部门统筹做好建设与管理工作；运营实体包括高校、科研机构、企业、非营利机构等，委托运营主要通过目标任务合同制实现，联邦政府及职能部门决定"做什么"（设定战略目标）和提供必要的资金，运营实体及国家实验室决定"怎么做"（自主决定战略目标实现路径）和具体实施。通过综合运用监督评议机制、绩效奖励机制以及合同约束竞争机制等，"确保政府对国家实验室的领导力和宏观调控能力，保证国家实验室始终围绕国家战略需求高效运行、始终具备卓越竞争力、始终与高水平科研机构保持合作关系"。这些机构一般实行独立法人运作，重大决策由机构自行决定，享有充分的运营自主权。政府提供稳定的研究及运行经费支持，同时鼓励企业、高校、科研院所等探索资源共享、开放协同、运行高效的新型治理结构，形成以财政性经费为杠杆撬动竞争性经费支持的多元支持格局。

当前，国内一些国家或省级实验室实行"独立法人、独立运营"的新型组织模式，一般由政府为主出资，不定行政级别、独立法人运行、开展实体化建设。青岛海洋科学与技术试点国家实验室由科技部、山东省、青岛市三方共建，其中科技部负责指导支持其建设，监督评估其运行管理和重大科技项目的组织实施；山东省负责协调省内资源，在基本建设、科研条件、人才引进等方面提供支持；青岛市负责实验室的具体建设与运行，并在运行经费、人员遴选与聘任等相关方面给予支持。之江实验室通过试点开放协同、混合所有制改革，加快探索新型市场经济条件下的举国科研体制。按照"一体、双核、多点"架构，其中，"一体"即浙江省政府、浙江大学、阿里巴巴集团共同打造的具有独立法人资格、实体化运行的之江实验室，注册资金由三方按照5∶2.5∶2.5的比例出资；"两核"即浙江大学和阿里巴巴集团，分别聚焦人工智能和网络信息领域，开展重大前沿基础研究和关键技术攻关，是之江实验室依托的主要研究力量；"多点"是发挥综合型研究平台优势，汇聚国内外具有领先优势的优质创新资源。

二、纵向分工、横向协同的内部治理结构

从纵向维度看，除少量战略科创平台由政府直接运营管理外，其他平台基本实行理事会领导下的院长（主任）负责制，理事会与院长（主任）分别行使领导决策和运营管理职能；从横向维度看，研究主体以战略需求和重大任务为导向实施科技创新活动，与机构运营保持相对独立、协同并进。

理事会作为机构的最高决策机构，一般由政府、高校、科研机构、企业、非营利机构等利益主体以及领域科学家、产业界人士等代表组建，负责战略规

划、机构设置、经费预算等重大事项决策部署，但不直接干预机构的日常运营。机构运营实行院长（主任）负责制，院长（主任）一般由具有卓越学术造诣和丰富管理经验的战略科学家担任，通常由理事会任命或聘任。同时，设立学术指导机构和监督咨询机构，进一步完善科学高效的内部管理结构。美国国家实验室的理事会负责重大事项决策，并受联邦政府委托对实验室工作进行监督。实验室主任根据任务制定年度计划和研究预算、项目立项和经费投入、年度报告和内部考核等，具有较大自由裁量权。政府拥有并直接管理的实验室，由职能部门直接任命或聘任主任；政府拥有并委托管理的实验室，由理事会商职能部门共同确定后任命或聘任主任。实验室设立专家组和监事会，专家组负责评议科研方向及项目等情况，监事会负责监督实验室的运行。与美国国家实验室类似，英国国家海洋中心采用自然环境研究理事会监督管理下的执行董事负责制，保持基本一致的内部治理框架。执行董事是自然环境研究理事会的执行委员会成员，由海洋中心的各部门高层领导团队和咨询委员会提供支持。设立利益相关者咨询委员会和海事设备咨询委员会两大顾问团队，前者负责对海洋中心战略发展以及利益共同体参与合作进行咨询服务，后者负责制定海洋科学设备中长期整体战略，评估目前和未来资金使用状况。

理事会领导下的院长（主任）负责制有利于围绕既定战略任务高效实施协同攻关，最大限度提升管理决策与科技创新的综合效能，在国内的政府主导型战略科创平台中得到普遍运用。如之江实验室（如图3-1所示），在理事会领导、实验室主任负责的同时，还设立学术咨询委员会，实行首席科学家负责制。理事会是实验室的宏观管理和领导机构，负责决策发展战略、发展领域、资金投向、重大项目、科研人员管理等重大问题；学术咨询委员会在理事会管理下，负责提供有关创新研究方向、重点发展领域、重大任务目标等学术问题的咨询意见和建议，对实验室战略定位和科研方向进行学术评估和过程指导，并根据理事会委托，代表实验室组织和开展国内外学术交流与合作等。[①] 实验室主任经浙江省人民政府提名，由理事会聘任，在理事会领导和学术咨询委员会指导下，统筹人、财、物等资源，具体组织科学研究、运营维护科研条件平台、提供服务保障等。在主要研究领域聘任首席科学家，发挥其在人才集聚、项目凝练、科研组织、资源配置中的关键作用，全面负责研究任务总体推进。

---

① 刘娟.之江实验室VS国家实验室、美国能源部下属国家实验室——探索新型研发机构模式[J].杭州科技,2017(5):20-24,19.

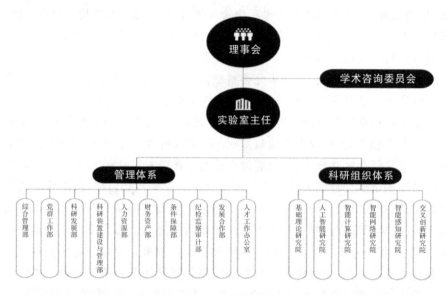

图 3-1　之江实验室治理架构图

图片来源:之江实验室官网

三、内外结合、多级联动的监督评价体系

针对机构本身实施的外部监督评价一般由上级政府、主管部门或资助部门组织,其结果与机构设立、经费支持、预算下拨等事项挂钩。针对机构内各研究单元,一般由理事会管理下的监督委员会、评议委员会等为主体进行内部监督评价。从具体操作来看,主要采用周期评价与过程监督相结合、综合评价与分类抽查相结合,组合顶层监督、机构自查、同行评议、第三方评价等多种方式进行。

以日本产业技术综合研究所为例,日本政府委托由专家学者、业界代表等组成的第三方评价委员会对研究所进行年度和中期评估,根据基础研究、应用前期研究和应用后期研究等不同阶段设定特定评价指标,兼顾研究领域和研究特点。评估主要包括路线图评估、主要产出评估和内部管理评估,分别由不同类型的专家负责。研究所必须有效完成依据政府所提目标制订的中长期发展规划,否则减少或停止后续经费拨付。在对下属各研究部门的运作和管理上,实施基于理事长与各研究单元负责人的目标任务合同制的内部监督评价,其结果与下阶段研究经费挂钩。为了更好实施对研究单元的内部监督评价,法国国家科学研究中心成立了独立于行政体系之外的专业评价机构——国家科学研究委员会,承担对科研现状与发展前景的咨询建议以及对研究机构和研究人员的监督评价。委员会下设 1 个国家科研中心科学委员会、10 个研究院科学委员会、41 个专业学科委员会和 5 个跨学科委员会。通常采用同行评议制度,重点评价科研产出和科研工作与当前科研背景及政策导向的适应性、国内外的学术辐射影响力、科研活动活跃度和价值化程度、研究生培养及团队建设质量等内容。

国内一些战略科创平台重视建立符合科研特点和规律的评价机制,一般采取阶段评估和期满考核相结合的方式,对建设工作和绩效开展评价。如广东省实验室以创新质量和贡献为导向,建立以整体科研成效、运行管理和目标完成情况的综合评估与年度抽查评价相结合的监督评价机制。广东省实验室建设工作领导小组通过组织专家团队或委托第三方机构定期进行评估考核、审计与监督,采取分类评价方式考核科研绩效,加强关键环节进展的考核;对实施进度严重滞后或难以达到预期绩效目标的,及时予以调整或取消后续支持。浙江省实验室实行"代表作"评价和"里程碑式"考核,通过同行评议,着重评价国际一流人才引育、标志性成果产出和建设方案目标任务完成情况。

第三节　运行机制

经过几十年的发展,世界各国在本国的现有制度框架下形成了各具特色的政府主导型战略科创平台治理模式,不同国家的战略型科创平台在人力资源管理、科研组织结构、科研项目管理、成果转化等方面的运行机制既有共同之处,也存在明显差异。

一、人力资源管理

1. 终身聘用制

美国国家实验室中有一批属于"政府所有、政府运营"的实验室,这些实验室的主任和雇员都是联邦政府公务员,遵循公务员管理制度,薪酬体系根据市场规则确定,如美国国家能源技术实验室。其他实验室中,高级科研人员在达到一定的条件后可以从任期年限制转为终身聘用制,但这样的竞争通常比较残酷。获得终身职位后,按照国家公务员的制度进行人事管理。整个美国国家实验室体系中,大约只有 5% 的人能最终获得成为固定科研人员的资格。法国国家科研中心的研究人员分为研究助理和研究员两大等级,其中研究助理含二级研究助理、一级研究助理两种级别;研究员分为二级研究员、一级研究员和特级研究员三个级别。科研中心定期向社会公开招聘一定数量的研究人员。特级研究员职务从科研中心内部聘任杰出贡献者,不对外招聘。2015年,法国国家科研中心有 24617 位终身聘用制员工,包括 11106 名科研人员、13511 名工程师和技术支撑人员(含管理人员)。研究人员一旦被科研中心录用,就成为科研中心的正式科研人员,享受国家公务员的待遇,人员职业发展路径清晰、社会福利保障待遇稳定,是法国国家科研中心科研工作的核心骨干力量。这种人力资源制度为科研人员从事长周期基础研究提供良好的学术环境,成为法国学术稳定的基石。

2. 任期聘用制

任期聘用制的主要典型有美国能源部下属阿贡国家实验室、布鲁克海汶国家实验室等综合性国家实验室。这些实验室的雇员不是政府职员,在人力资源运行体系上通常实行主任负责制,实验室主任在全球范围内选聘,任期根据其业绩和有关法律规定来确定。科研人员采用合同签约的方式来聘用,这种合同制明确了义务的分配,规范合同单位和研究人员的行为,同时解决了合同单位超编问题,能够保障人员的正常流动,激发创新活力。近年来,日本政府通过立法程序对国立科研机构进行大幅度改革,打破了研究公务员的终身制,实行任期制。如 2001 年成为独立行政法人的日本产业技术综合研究所,拥有约 2400 名科学家,设立有微纳米技术、超临界流体、新碳材料、生命信息科学、生物信息解析等研究中心。这些研究中心负责人大约半数从外部聘任,团队由 10~20 名年富力强的科学家组成,人员少而精,要求团队在 3~7 年期限内进行高效率的研究开发。整个研究中心实行科研人员任期制、能力薪金制度、由外界专家组成评估委员会对成绩优异者给予重奖等一系列竞争机制。青岛海洋科学与技术试点国家实验室创新人员管理模式,实行"按需设岗、公开招聘,择优录用、逐级聘任,定期考核、契约管理"的全员岗位聘任制,面向全球公开招聘,形成了一支 400 多人的科研人才队伍,建立了分布于美、欧、澳等区域的 200 余人海外人才库。

3. 混合聘用制

中国科学院下设有些专业院所人员聘用方式主要由"岗位聘用＋项目聘用"构成,岗位聘用人员通常属于国家事业编制人员。国家财政保障了事业编制人员的部分经费,另外一大部分的人员工资结构中的岗位津贴和绩效奖励来自科研项目经费。课题组负责人通常还肩负着"养团队"的压力。这样一种混合聘用模式在某种程度上保证了人员结构的稳定,也能从绩效方面去激发科研人员的创新活力。但是,也出现了科研人员为了保证收入从而陷入"为了项目去做研究"、重复低水平科研工作的现象,无法静下心来基于科学问题导向和兴趣驱使来组织和开展科学研究,难以实现重大原创成果产出。广东省实验室在用人方面,通过建立"开放、流动、竞争、协同"的用人机制,实行分类管理、按需设岗、按岗聘用、合同管理、动态调整、能进能出,长期与临时聘用相结合,固定人员与流动人员保持合理比例。科研核心骨干、高级管理人员、高级实验技术人员等可优先纳入员额管理。在薪酬管理方面被赋予充分的自主权,可以根据引才需要,自主设定薪酬标准,薪酬标准经过理事会或者实验室主任办公会同意即可作为执行标准。之江实验室按照混合所有制的事业单位进行登记注册,试点"报备员额制",实行人员灵活、分类管理制度,按需设岗、按岗选聘、分类管理、能进能出。参照一线互联网和高新技术企业设置薪酬水平,对专职科研人员和管理员实行年薪制,特殊贡献人才享受额外奖励等激励机制,使得之江实验室在较短时间内就汇聚了一大批高层次人才,吸引了一大批青年科研人员。

4. 交叉聘任——双向流动体制

为了激发科研人员的科技创新活力,各国纷纷推出了一系列人员交叉聘任、双向流动的举措。加州大学教授可以通过双聘机制在劳伦斯伯克利国家实验室申请科研项目,大学双聘教师的任命及人事管理权归属大学,受加州大学学术人事制度的约束。双聘教师的工时和工资根据签订的双聘合同按比例分开计算,例如聘任作为科学家/高级科学家/工程师的科研人员,依据两方单位的最终协商,可以在实验室或大学各拿 6 个月工资,或在实验室拿 9 个月工资、在大学拿 3 个月工资。法国国家科研中心允许在编科研人员创建初创企业,或以合作者、经营者或者管理者的身份进入企业,后续也可根据个人意愿和发展需要,返回原工作岗位;允许在编科研人员向科技成果转移转化企业提供技术咨询服务,允许其基于自身科研成果入股企业,入股比例最高可达15%等,有效激发了法国在编科研人员创新创业的活力。日本产业技术综合研究所为增强研究人员流动性,推出了"跨省战略创新促进计划",通过在大学与研发法人之间推广引入年薪制,明确缴纳健康保险、养老金与退休福利的举措来实施交叉任职机制,允许研究人员同时在不同的大学或同时在大学和其他的研究机构中工作,并保留他们在大学与机构中的职位,构建了一种跨越省、机构与领域的共创环境。从发掘技术萌芽以及为实践研究培养人力资源的角度,在内部采纳并推广了双向任职机制,以此来加强与大学的合作。

二、科研组织结构

在国家和区域重大战略牵引下,政府主导型战略科创平台一般采用任务导向的模块化科研组织结构,便于形成科研人员、管理团队密切协作,创新资源、研发环节有机互动的协同创新网络,为完成重大战略任务提供坚实保障。

1. 模块化结构

从国外来看,经过数十年的适应性调整,任务导向的模块化科研组织结构已成主流。法国国家科研中心为适应科研重大产出对跨学科、成建制科研联合攻关的需求,改革内部科研组织管理模式,形成 10 个按领域划分、覆盖所有学科的创新研究院,鼓励跨学科、跨机构协同创新,优先发展为满足经济社会需求的跨学科研究行动。日本产业技术综合研究所建立由两大主体研究单元构成的基本科研组织构架:研究部门优先配置研究资源、集中力量推进有战略性研究,研究中心负责中长期和基础性的技术研发以及对新技术领域的挖掘开发。此外,针对国家急需、新兴交叉领域及跨学科研究等,还设立若干临时性研究中心、研究室和合作研究体。各类研究单元间形成横向整合与纵向合作的研究机制,以快速响应政府及产业临时性需要,提升研究弹性与效率。德国亥姆霍兹联合会依据科研重点和专业方向,形成目标牵引、纵横交错、分工把关的矩阵式科研组织。纵向设置研究中心模块,各研究中心按照五年滚动原则统一规划研究工作;横向设置重点研究领域,每个领域设主任一名,负责组织、协调各研究中心模块机动组合,确保高质量完成整个机构的各项重点科研任务。

2. 任务型结构

从国内来看,尤其是近年来成立的战略科创平台也基本形成围绕重点任务组织研究单元的内部学术结构。青岛海洋科学与技术试点国家实验室分类组建了以重大科学问题为牵引开展基础前沿研究的 8 个功能实验室、以国家战略需求为导向推进战略性前沿技术体系构建与自主装备研制及产业化的 4 个联合实验室(另有 1 个在建),同时面向顶尖科学家及其团队引领开展颠覆性技术创新的 5 个开放工作室,形成整合优势资源、实施定向攻关的科创矩阵。之江实验室根据"成熟一个、启动一个"的原则，围绕智能感知、人工智能、智能网络、智能计算和智能系统五大科研方向组建专业研究模块，以重大科研任务为纽带进行联合攻关。江苏省产业技术技术研究院精准聚焦创新资源供给和产业需求挖掘，构建专业研究所、企业联合创新中心两端发力的产业技术创新体系。专业研究所定位研发载体端，开展产业核心技术、共性关键技术和重大战略性前瞻性技术等研发；企业联合创新中心定位产业需求端，挖掘、凝练企业技术难题或需求，形成具有行业代表性的产业战略研究报告和技术发展路线图。

三、项目管理模式

1. 项目资助方式

美国国家实验室的研发项目管理大致要经过以下四个步骤：首先，国家实验室内部的基层单位根据上级分配的任务和已有的研究基础提出研发项目建议书；其次，国家实验室专家评议组根据立项原则对项目意义、方案、项目负责人和研究人员的学术水平和能力、经费预算等进行论证和评审；再次，国家实验室的领导根据专家评议组的评审结果和经费情况决定项目是否立项和经费数目，另外，国家实验室主任还掌握着实验室总经费的 5％～10％作为机动经费，用来支持一些独立研究和合作研究项目。项目导向（Programme-Oriented Funding，POF）的经费资助模式同样是德国亥姆霍兹联合会凝练自身战略研究方向和分配科研事业经费的核心机制。亥姆霍兹联合会理事会委托国际公认的独立外部专家出具评估报告，然后基于评估结果决定经费分配。评估主要针对两方面内容，一是对各中心及其现有科学计划的科学质量评估，二是对未来规划实施的科学计划战略性评估。这种项目资助模式相对鼓励竞争与合作，打破了各研究中心独立进行项目研究的封闭状态，为全面解决更加复杂的科学问题提供更为系统的研究方案。

日本产业技术综合研究所在内部实施目标型的基础研究，同时也涉及一些应用研究与实践。研发项目的甄选过程强调技术优势和广泛的产业经济潜力，确定步骤如下：采用前景预测法进行技术预测，分析政府、产业和社会的需求，选择最优结果，初步形成研究主题；战略目标和研究主题由产业界和日本经济产业省高层讨论，由上而下确定，研究所的技术预测分析结果需和产业需求相适应；目标研究主题通过研究所上层管理者和员工之间的讨论达成共识；

最后研究项目在互联网上公示，外界参与监督。美国软件工程研究所与卡内基梅隆大学广泛地进行各类科研合作，大部分科研合作项目时长在1～2年，时限最长不超过3年；各科研项目资助金额依据科研需求不同，在17万至40万美元不等，且科研设备类的资助可单独申请，如超级计算机等科研设施。合作科研经费一类为国防部拨款项目，另一类为学校科研人员可自主申请的项目，两类项目提供的资金比约为5∶2。2008年3月起，我国开始设立国家（重点）实验室专项经费，中央财政下达开放运行和自主选题研究经费14亿元，从开放运行、自主选题研究和科研仪器设备更新三方面，加大国家重点实验室稳定支持的力度。

之江实验室实行政府和市场相结合的多元化投入机制。通过地方政府投入、企业自有资金投入、国家经费支持、基金募集、社会捐赠、研发服务创收和国际合作收入等多种渠道筹措经费。成立之初，之江实验室注册资金为人民币1亿元，由浙江省政府、浙江大学、阿里巴巴集团按照5∶2.5∶2.5的比例出资。在基础研究领域，由省财政为之江实验室的基础研究和应用基础研究给予稳定经费保障。浙江省政府按照预算法要求编制年度预算，已设立前期为50亿元的之江实验室科学研究资金，主要用于大科学装置建设、基础设施建设、领军人才引进、重大基础研究项目及日常运行的经费投入。浙江大学负责投入高水平智力以及共享学科资源。在技术创新领域，之江实验室主要通过市场竞争获取经费，积极吸引阿里巴巴等民营企业和其他社会资本参与投入之江实验室的基础研究和科技成果转化及与产业承接。

2. 项目过程管理

政府主导型战略科创平台普遍按照科研项目任务合同制进行管理。在项目任务合同制下，项目负责人进行科研资源的调配，全面把控项目进度、管理内容及研究质量。在以项目负责人为核心的任务合同制管理模式下，项目负责人在批准的计划任务和预算范围内享有自主权并对拟定的任务委托承担责任，受邀成为课题组研究成员的即可成为实验室流动人员，跟随项目任务进度实施相关工作，并由课题组承担人员经费。对于项目任务，工作组实行过程管理和目标管理并举的手段，对于已经完成的任务，根据合同要求组织学术委员会进行内部阶段性评估，以便及时根据任务完成情况调整下一阶段工作计划。

在科研项目管理模式上，德国采取"联邦分权制"，其鲜明的特点就是引入中介管理组织。第三方机构与政府进行职权分割，一部分科研管理职权从政府手里分配至第三方手中。第三方机构在政府与项目承担方之间发挥着"桥梁"的作用,而政府则通过宏观调控发挥其监管作用和影响力。第三方机构的管理充分采用了合同管理、投标管理、IOS9001、理事会等现代化管理制度来保障项目执行的科学性。清华大学的智能技术与系统国家重点实验室设立了开放基金项目,在项目的执行期间,根据项目及项目承担人的实际情况,部分工作可在原单位实施,同时实验室为项目研究人员提供良好的实验、研究及学术环境,申请人可以利用实验室的优越条件从事该项目的研究工作。项目研究中间研究者针对自己的研究进度提交中期研究报告。项目完成后,要求申请人在核心刊物或国际会议上发表相关项目的学术论文及提交项目研究报告,经专家评审通过后确认研究项目通过验收结题,并进入开放研究基金项目结题档案。经过这样自始至终的严格管理,确保绝大部分开放研究基金项目能够按计划完成要求,且研究项目能够达到较高的完成水平。

四、成果转化机制

技术转移是指科研机构在政府的支持监督下将其研究成果信息向有关商业团体传播,并使该成果最终转化为推动经济和社会发展的直接生产力。政府主导战略型科创平台在成果转化的过程需要推进合理的激励制度,提供更多对应的服务平台,促成更多创新技术从实验室"走出来",为社会带来更大的经济效益。

1. 制定成果转化激励政策

美国能源部发起"国家实验室—企业联盟"计划,支持国家实验室创新团队创办企业、与产业建立伙伴关系或签署技术许可协议,加速部分科技创新成果商业化进程。法国国家科研中心鼓励科研人员推进科研成果转移转化,科研人员仅需向主管部门报备后即可兼职或自主创业,个人可获得科技成果转化最高 50% 的经济收益。对台湾工业技术研究院来说,技术扩散和技术研发同样重要,甚至更为重要。凡符合高科技创业要求的(其技术必须是创新的,或者在台湾处于先进水平,而且能对现存企业和产业起到带动作用),个人及成立 18 个月之内的新公司均可以申请进入工研院的孵化中心。孵化育成期为 3 年,工研院提供场地和部分初始投资,还提供商业咨询、法律信息等服务,以及投资、技术服务、培训、行政管理等支持。企业成功孵化后,通常将一部分股权或者捐赠款作为对工研院的回报。江苏省产业技术研究院要求各专业研究所实施"股权激励"机制,作为独立法人的专业研究所拥有科技成果的所有权和处置权,鼓励研究所让科技人员通过股权收益、期权确定等方式更多地享有技术升值的收益,实现研发人员创新劳动同其利益收入的对接。同时,江苏省产业技术研究院创新性地设计了从知识产权入股转换为现金入股的思路,以现金入股解决知识产权评估遇到的障碍,按股权对相关利益人进行分配,大大提高了项目团队的责任感,调动了团队的积极性。①

2. 设立专门技术转移机构

美国各职能部门通过设立专门的技术转移机构来管理其附属国家实验室的技术转移事务,例如能源部、联邦小企业局、美国航空航天局于1989年联合出资设立了国家技术转移中心(NTTC),主要负责为全社会各行各业提供技术成果转让服务,包括技术转让"入门服务"、"商业黄金"网络信息服务、专题培训服务、发行技术转让出版物服务等。几乎所有大学国家实验室都设立了"研究和技术应用办公室"或"技术转移办公室",用来完成相应的成果转化职能。法国构建了"中央+地区"的两级成果转化体系,国家科技成果推广署是法国的中央成果转化机构,地区成立了创新与技术转让中心、技术顾问网络和研究与技术代表机构,分别代表了职责分明、各有侧重、相互配合的四种类型实体机构。法国国家科研中心于1992年即成立专利技术孵化工作的职能部门——法国科技创新转化有限责任公司(FIST SA),专门负责向企业转让创新技术,每年与法国国内或国际企业签订80项技术转让协议。日本产业技术综合研究所研发成果的知识产权申请、维护由本研究所的"知识产权部"负责。每年申请的专利有1000多项,技术专利权统一归研究所所有,以便统筹运用,研究人员可获国家奖励。同时有专门的技术成果推广中心,日本产业技术综合研究所创新中心,是隶属于日本产业技术振兴协会(JITA)的独立组织。创新中心首先被授予专利的"独占实施权",然后再以技术转让合同、专利实施许可合同、共同研发、委托研发等方式将其转为"普通实施权",授予企业进一步商业应用或进一步发展。之江实验室建立成果转化平台或设立相关基金,由实验室统一持有和管理转化应用成果,为科研人员营造潜心科研的良好环境。

此外,一些政府主导型战略科创平台通过设立成果转化和产业化公司,推动平台的技术转移转化。青岛海洋科学与技术试点国家实验室成立了国有独

---

① 原松华."江苏创造"新模式——专访江苏省产业技术研究院执行院长刘庆[J].中国发展观察,2016(8):34-36.

资的企业法人单位——青岛海洋科学与技术国家实验室有限公司,主要负责实验室国有资产的管理与经营、高科技项目的引进及管理、科研成果的研发与转化,并提供技术咨询和技术转让,以及知识产权代理等服务工作。先进制造科学与技术广东省实验室(季华实验室)注册成立的专职成果转化和产业化公司,与引进团队联合成立公司,致力于半导体装备批量化生产。

第四章　社会主导型战略科创平台

鼓励和支持社会力量建立战略科创平台，是我国在科技创新领域形成全面深化改革、全面扩大开放新格局的重要举措。社会主导型战略科创平台中占据主导地位的是不同于政府和高校的企业、社会组织、行业协会等社会力量，多聚焦行业共性技术或关键核心技术，采用多元化的资金筹措机制、企业化的人才激励机制、开放化的科研组织机制和立体化的成果转化机制，进行人才引育、科技开发、成果转化等科技创新活动。社会主导型战略科创平台作为我国新时期推动科技创新、促进产业发展的重要载体，对于增强全社会创新动力、端正创新需求导向、提高科技研发效率、推进创新成果转化等具有重要意义。

第一节　发展概况

学界对社会主导型战略科创平台尚没有统一的定义，其产生于科技体制改革不断深化的过程中，并已成为科技创新体系的重要载体之一。该类科创平台以市场为导向，多以企业、行业协会占据主导地位，在运营与发展过程中，以公益性与营利性相结合，采用灵活的企业化运作模式，引入多元资金力量，将科技创新与产业化融为一体，激发科技人员或研发团队参与热情，形成真正的"政、产、学、研、用"相结合的创新机制。目前，国际上已经形成了一批具有较长历史、较大规模、较广泛影响力的社会主导型战略科创平台，而我国对这类平台的研究和建设起步相对较晚，虽然在人才引进与培养、科技开发、成果转化等方面取得了一定成绩，但是整体仍处在探索阶段。

一、社会主导型战略科创平台的发展定位

国内外的社会主导型战略科创平台在建设和发展过程中，在保持社会力

量作为主体的同时,都是引入多方资源,实行联合共建。社会主导型战略科创平台相较于政府、高校等主导的战略科创平台而言,在努力求解现今社会各种科学问题,同时也积极为公益活动或公共服务提供多种支撑,已成为推动科技创新事业的一支重要生力军。随着我国社会主义市场经济体制的建立和逐步完善,社会中的科技创新活动会越来越多地由企业和社会组织来承担,这类科研平台亦必将在我国的社会、经济、科技、文化发展以及对外交往中发挥越来越广泛的积极作用。

在知识经济社会,创新竞争日趋多元化和激烈化,如果仅仅依靠内部资源进行创新活动,战略科创平台很难适应迅速发展的市场需求。社会主导型战略科创平台正是顺应这一趋势,为打破封闭式创新壁垒而形成的一种组织形式。一方面利用企业、行业组织等社会力量穿针引线,更好地契合供需之间的关系,建立起供给侧与利益相关者的紧密联系;另一方面能将各种创新要素进行互动、整合,实现体制机制、组织结构、人事制度、研发方式等方面的改革创新。美国圣塔菲研究所以其半开放式的办公形式、灵活的组织架构,给予了研究人员更多自由发挥的空间,"让创新人才的基因得以自由生长"。

资源整合是社会主导型战略科创平台普遍遵循的一种发展理念,其与改革创新相辅相成。改革创新要依靠多元化的资源,也就意味着要进行资源整合,进而实现资源面向创新应用一线配置,实现将科技创新与产业化融为一体的目标。通常情况下,社会主导型战略科创平台依托社会组织或自发科研团体的科研力量和高层次人才,在政府、组织、企业的物力、财力资源支持下开展相关活动,形成社会组织、政府、企业等利益相关方资源整合的新局面。以中国电子科技南湖研究院为例,研究院开办资金为人民币 9 亿元,其中,嘉兴市投入 3 亿元,中国电科和其成员单位中电海康等投入 6 亿元。嘉兴市与中国电科(集团公司和中电海康)每年还会投入 15 亿元(第一年以开办费和经费补助等形式注入,后续以经费补助等形式注入),连续投入 5 年,共计投入 75 亿元。其中,嘉兴市人民政府财政每年投入 5 亿元,中国电科和其成员单位中电海康等每年投入 10 亿元。

二、社会主导型战略科创平台的主要特征

传统研发机构主要采用以政府部门研究机构为核心,以垂直领导关系为主的行政型治理结构,典型代表有中国科学院、高等院校、国防科技机构等。这种治理结构虽然有利于"集中力量办大事",但存在治理结构缺乏弹性的弊

病,在一定程度上制约了知识的创造和转化。目前,国外已经形成了不少具有广泛而深远影响力的社会主导型战略科创平台,如著名的德国弗朗霍夫协会、美国微软研究院、美国圣塔菲实验室、英国卡文迪什实验室等。而我国社会主导型战略科创平台在北京、上海、江苏、浙江、广东、山东、安徽等科教创新水平及科技资源相对丰富地区均有典型案例,尤其以广州、深圳等为代表的大湾区及以上海、江苏、浙江等为代表的长江三角洲区域最为集中。其中,部分平台经过数年或十数年的发展,已经在一定领域和空间范围内形成了具有先进创新能力、创意服务能力和较强辐射带动能力的创新策源地,具有较大影响力的社会主导型战略科创平台有深圳华大生命科学研究院、杭州阿里巴巴达摩院、中国电子科技南湖研究院等(见表4-1)。

表 4-1　社会主导型战略科创平台

科创平台	成立时间	主导组织	研究领域
德国弗朗霍夫协会	1949 年	德国弗朗霍夫协会	微电子、制造、信息与通信、材料与零部件、生命科学以及工艺与表面技术和光子学等面向工业的应用技术研究
美国圣塔菲研究所	1984 年	美国圣塔菲研究所	进化计算、新陈代谢和生态的规模法则、城市的基本属性、病毒菌株进化的多样性、灵长类社会群体的相互作用和冲突、语言发展的历史、物种交互的结构和动力学,包括食物网、动态的金融市场、人类物种的等级和合作的涌现、生物和技术的创新等复杂系统科学研究
微软研究院	1991 年	微软	运算法则、计算机视觉、计算机系统和网络、数据可视化和分析、人工智能和机器学习、图形和多媒体、量子计算、自然语言处理、编程语言和软件工程、搜索和信息检索等
深圳华大生命科学研究院	2007 年	华大集团	致力于基因组学、转录组学等多组学方面公益性研究
阿里巴巴达摩院	2017 年	阿里巴巴集团	涵盖量子计算、机器学习、基础算法、网络安全、视觉计算、自然语言处理、人机自然交互、芯片技术、传感器技术、嵌入式系统等技术领域

续表

科创平台	成立时间	主导组织	研究领域
中国电子科技南湖研究院	2020年	中国电子科技集团有限公司	聚焦智能物联网领域，包括感存算一体化、物联网体系/架构/安全等关键共性技术/产品和系统的研发

社会主导型战略科创平台存在"四新"，即在合作上采取政产学与社会力量共同建立；目标上兼顾研发和创业，带动区域经济发展；研究工作既有学术性，又面向市场；运作模式投管分离，独立核算，内部治理采取"企业化运作"和非营利机构管理模式。各国社会主导型战略科创平台虽然在很多方面有诸多不同，但是在功能定位上却非常统一，即该类型的战略科创平台对技术创新、科技成果转化、区域经济发展的推动作用十分显著。① 从经济学的交易费用角度和网络组织存在理论出发，社会主导型战略科创平台作为一种科技转化中介组织，可以兼顾互补性和依赖性，形成有效的科研成果转化系统。② 这种平台的本质功能就是加速创新创业，特别是对技术创新和扩散的加速作用更为有效，对产学研的黏着力更强，能够有效弥补目前各类机构和主体间链接不足的问题。③ 具体而言，社会主导型战略科创平台的建设定位主要是技术开发和商业化，其主要作用表现在杠杆作用、桥梁作用、填平"死亡之谷"作用、完善创新体系作用、抢抓机会窗口作用等。④ 在现实中，这类型的平台不仅是地方科技治理平台、协同创新载体，还是从事共性技术研发创新的项目导向型组织，与传统行业科研机构的不同在于二者在体制机制上存在明显区别。⑤

社会主导型战略科创平台大多属于科技类民办非企业单位，其中部分具有事业单位性质，但亦采用企业化、市场化的运行方式。该平台通常由公民个人、社会团体和其他社会力量利用非国有资产举办，不以营利为目的，专门从

---

① 徐顽强，乔纳纳.2001—2016年国内新型研发机构研究述评与展望[J].科技管理研究，2018，38(12):1-8.

② 牛振喜，安会刚，郭鹏.以工业技术研究院为中心的科技成果转化新机制研究[J].中国科技论坛，2006(4):40-44.

③ 冷民，Ulrike Tagscherer，徐秋慧.公共产业技术研究院促进区域创新发展[J].科技潮，2011(4):36-39.

④ 吴金希，李宪振.工业技术研究院推动产业创新的机理分析[J].学习与探索，2013(3):108-111.

⑤ 袭著燕，王磊.地方工业技术研究院的再认识[J].科技和产业，2015，15(8):77-83.

事高层次人才培养、前沿技术开发、高新技术成果转让、科技咨询与服务、科技成果评估以及科学技术知识传播和普及等公共任务，以"聚焦、服务、辐射"为目标，面向地方重大需求，服务于省市或部分较发达地区的县级区域的社会经济发展，最终辐射到全国乃至全世界。

第二节　治理结构

社会主导型战略科创平台在组织架构上普遍采用更为灵活的理事会或董事会领导下的院长（主任）负责制，组织架构上通常包括决策层、执行层、操作层和监督层，如图 4-1 所示。决策层一般是指战略科创平台的理事会或管理委员会，是由出资方共同组成的平台最高决策机构，负责制定本战略科创平台工作方向和目标、审议工作开展情况。执行层通常按分工分为战略委员会和运行管理委员会，是决策层和操作层之间的中间层，通常由理事会任命的院长或主任担任核心领导岗位，负责完善顶层设计，制定实施方案，主持战略科创平台的日常业务，在理事会的领导下组建并管理平台操作层各中心或部门，贯彻落实理事会做出的决策部署，向理事会负责，进行工作报告，并接受理事会的监督考核。操作层是决策层和执行层战略目标和实施方案的具体执行层级，负责战略科创平台人才引进与培养、科技开发、成果转化和平台运行保障等具体工作，各中心及部门设有中心主任或者部门长统领各自内部的工作，并对执行层中由理事会任命的院长或主任负责。监督层通常是指监察审计委员会，负责对战略科研平台的预算和财务进行审计。

一、多元主体参与的决策层

决策层（decision layer）是组织中最高的权力机构和决策机构，拥有人事任免权、财物终决权、重大事项审议决策权。部分社会主导型战略科创平台成立理事会或管理委员会，在理事会或管理委员会下设秘书处，由秘书长领导处理日常事务，其具体职责通常包括：修订平台发展规划和章程；指导协调平台的机制体制改革；促进资源集成，创造发展环境；审定平台的设立和变革，以及主要人事任免；审定平台的长期或阶段工作计划；审定平台的长期或阶段经费预决算；制定平台重要的管理规章制度；决定吸收新的投资建设主体加入；审议平台的重大研发方向等。

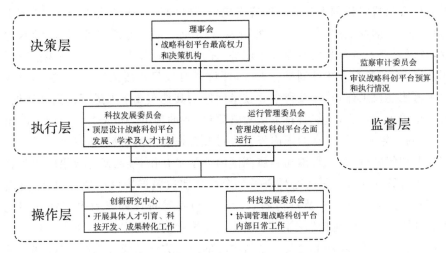

图 4-1　社会力量主导型战略科创平台的组织架构示意

　　社会主导型战略科创平台是以市场需求为导向,以多主体的方式投资、多样化的模式组建、企业化的机制运作,投管分离、独立核算、自负盈亏的独特研发机构,是致力于产业共性技术研发和成果转化的一种新型研发平台。其具有法人实体性、公共服务性和财务独立性等组织属性。这些组织属性决定了其具有多主体投资协同、多学科交叉研究、多目标重叠并存、多功能集成创新的组织特点。而理事会制度,是一种通过理事参与民主决策来代表各方利益对所属组织进行管理,以形成主要利益相关主体之间的权力分享与制衡机制为核心的管理体制。从本质特征来看,理事会制度实质是一种重大决策的民主表决机制、具有自治性质的自我管理体制、组织自治权力的保障和约束机制,倡导群体决策和权力的制约与平衡,既可以综合权衡各方利益,又能较快地做出科学决策,并且决策层与执行层的有机分离能够最大限度保证组织目标的顺利实现。

二、院长/主任负责的执行层

　　执行层(executive layer)是理事会或管理委员会领导下的院长(主任)负责制的关键中间层,是实现"投管分离"的重要途径。执行层一般对外行使法人权利,对内负责平台的日常运行管理,按照在平台中的分工一般可划分为科技发展委员会和运行管理委员会。

　　科技发展委员会,抑或与之具有相同功能的战略委员会、专家委员会、学术委员会是战略科创平台的发展咨询机构,具体职责一般包括但不限于:制定和审定平台的发展规划,对平台各研发方向的设置进行评议和审核;学术评议,评议研究人员及其他专业技术职务,评议拟向国内外重要学术组织推荐任职人选、拟向各类人才计划推荐人选,评议科研项目与成果奖励;维护学风和学术道德建设工作;对涉及科学和技术问题的其他重要事项进行论证和咨询,听取相关工作报告,组织科技发展战略研讨;协助理事会审定各研究岗位的设置;协调指导或组织平台的国内外重大科技合作和学术交流;审议平台科学研究规划和年度科研计划;推动和协调国内外学术合作,推动研究成果转化等。

运行管理委员会是战略科研平台全面落实决策层决议的执行机构,全面负责平台的运行管理以及机构团队、经费、设备等资源的有效聚集和合理配置。具体职责一般包括但不限于:组织设立平台内部管理机构,负责平台人事管理的有关事务;规划平台及各创新中心的研究方向及建设规模、支撑部门设置及人员配置,公开招聘和任免创新中心主任;定期向理事会委员会提交工作和财务决算报告;制定平台内部的管理机制,并按制度对职员进行任免和考核;组织实施平台发展规划、研究计划和理事会决议;负责平台学术性活动和涉外活动有关事务;负责平台知识产权申请与管理的有关事务;督促平台科研项目的实施和成果推广的组织与协调;根据理事会授权,签署有关文件。

三、科研/行政协同的操作层

操作层(operation layer)是社会主导型战略科创平台开展高层次人才培养、前沿技术开发、高新技术成果转让、科技咨询与服务、科技成果评估以及科学技术知识传播和普及活动的第一线,是实现平台发展规划的基础支撑。与上述执行层相同,战略科创平台的操作层可分为创新研究中心和综合办公室两个部分。

负责平台业务的创新研究中心,具体是指机构通过整合政府、高校等各方面资源所组建的研究中心、公共平台和产业化公司等科技实体。创新研究中心主任的具体职能一般包括:根据战略科创平台发展战略,组织研究、制定、落实本创新中心的发展规划和工作计划;负责本创新中心的日常运行和管理;组织本创新中心与外部力量的协同攻关,如联合申请重大科技课题任务;承担与本创新中心相关的重大科研任务攻关、科研队伍建设、人才培养与基地建设任务;每年向执行层负责人提交工作报告。如德国弗朗霍夫协会下设生命学部、微电子学部、产品与工艺学部等7个学部,每个学部由所在学部学科带头人统筹负责各项事宜。

综合管理办公室是平台的办事与联络机构,执行决策层决定和执行层指示,具体职责一般包括:负责管理、协调平台内部的日常工作,对执行层负责;聘任专职或兼职管理人员等日常行政事务;负责平台的公共的科研资源与信息服务,为平台的学科建设、人才培养与科学研究提供基础支撑。以中国电子科技南湖研究院为例,为提高组织运转效率,南湖研究院分行政体系和技术体系,行政体系按照中国电科集团的行政体系展开,包括院长、副院长、各部门主任和研究所所长,并下设科研管理部门、综合部、人力资源部、财务与成果管理部、保密办等职能部门,主要起管理服务作用;技术体系方面,研究院实行首席科学家制度,包括首席专家、高级专家、正高级研究员、副高级研究员、工程师和技术员等。

四、权责结构分离的监督层

监督层(supervisory layer)通常包括监察审计委员会,是对战略科创平台组织架构的有效补充,有利于健全权责明确、协调运转、有效制衡的平台治理结构,明确决策层、执行层和操作层的职责,各司其职,各尽其能。具体职能一般包括:审议平台年度或重大项目经费预算及执行情况;规范研究所(中心)的科研、财务、劳动用工、印章等管理;坚持非营利科研机构的自治性、非营利性的要求,摸索适合本单位科研的管理办法;对公开、透明地使用科研经费进行严格依法管理,科研机构产出的利润不分红;建立完整的信息披露制度,向社会公布接受、使用捐赠、资助的有关情况,还须向社会公开重大财务开支、主要收入及盈余情况以及重大活动的情况。如,深圳华大生命科学研究院在董事会下设监事会,设主席一名,由华大生命科学研究院联合创始人担任,并设监事两名负责具体业务监察。监事会日常对机构的业务与管理工作进行全面的检查和监督,定期还会召开会议对机构年度报告、募集资金存放与实际使用情况、日常关联交易预计额度、参与投资设立合伙企业暨关联交易等事项进行决议。监督层的建立是完善决策、执行、监督"三位一体"的权力配置和制衡机制的重要方式,有助于规范战略科创平台议事、民主、科研项目、财务、信息公开、人事等各项规章制度,确保战略科创平台的高效有序运行。

综上,社会主导型战略科创平台在组织章程或内部规章制度中,都明确提出实行现代科研院所制度,多采用理事会领导下的院长负责制或董事会领导下的院长负责制;在治理层,普遍采用"1＋N"结构,"1"是指理事会或董事会,

"N"包括院务委员会、专家咨询委员会、企业顾问委员会,以及下设的若干创新平台和管理部门等;在决策层,严格执行理事会领导下的院长负责制,理事会通常由建设出资方(如政府、科研机构、企业)共同组成,负责决策和监督;院长负责执行,对外行使法人权利,对内负责研究院的日常运行管理。同时,注重理事会各研究院最高决策机构的发展战略制定、管理层监督等职责。[①]

第三节 运行机制

战略科创平台法人的性质各异,不同法人性质机构间的组织模式间存在较大差异,进而决定了其运作机制的不同。[②] 社会主导型战略科创平台产生于经济社会发展对创新需求改革的迫切需要,企业、行业协会或者其他社会力量占据主导地位,兼具市场化和公益性,自筹经费、自主运营、独立核算、自负盈亏,通常采用灵活的企业化运作模式,面向创新应用一线配置资源,将科学发现、技术发明和产业发展联通成为一个体系。上述独特的产生背景和发展目标,使社会主导型战略科创平台在投入机制、用人机制、组织机制和转化机制上不同于政府、高校主导的战略科创平台。

一、多元的投入和利益分配机制

投入和利益分配机制主要由资本结构、价值创造、利润分配三部分组成。资本结构是指组织各种资本的价值构成及其比例关系,是组织一定时期筹措组合的结果。在资金来源上,尽管社会力量主导型战略科创平台与其他类型的科创平台相比有较强的市场导向性,但其所开展的研究同样主要针对前沿科技、产业共性关键技术,成果具有一定的公益性,也具有较强的溢出效应,研发领域存在着明显的市场失灵[③],因此社会力量主导型战略科创平台通常会采用多元化投资机制,资金来源通常包括来自政府、科技风投、产业界等多方面的支持。以南湖研究院为例,南湖研究院的开办资金为人民币 9 亿元,其中,嘉兴市投入 3 亿元,中国电科和其成员单位中电海康等投入 6 亿元。嘉兴

① 张光宇,刘贻新,马文聪,等.新型研发机构研究——学理分析与治理体系[M].北京:科学出版社,2021.

② 张珊珊.广东省新型研发机构建设模式及其机制研究[D].广州:华南理工大学,2016.

③ 曾国屏,林菲.创业型科研机构初探[J].科学学研究,2014,32(2):242-249.

市与中国电科（集团公司和中电海康）每年还会投入人民币15亿元（第一年以开办费和经费补助等形式注入，后续以经费补助等形式注入），连续投入5年，共计投入75亿元。其中，嘉兴市人民政府财政每年投入5亿元，中国电科和其成员单位中电海康等每年投入10亿元。再比如，深圳华大生命科学研究院的经费主要来源于产业化运作带来的营利收入，以及政府、社会资本设立的风险投资，还有少部分（10%）是政府竞争性科研项目经费；深圳光启高等理工研究院在组建时，由广东省支持4000万元启动资金，深圳市人民政府配套4000万元，民营投资入股3000万元。

　　价值创造是指组织生产、供应满足目标客户需要的产品或服务的一系列业务活动。社会力量主导型战略科创平台在协同创新中获取收益的手段主要包括服务成果回报和投资成果回报。服务成果回报主要通过产业共性技术研发、工艺研发获得技术成果，进而进行转让或成果转化，还包括通过对外服务获得技术收入，依托知识产权、产品评价与检测、人才培训等服务获得服务收入等。其中，科技成果转化是战略科创平台技术创新最为重要的环节，能推动新技术、新发明完成实现市场价值的"惊险一跳"。然而社会力量主导型战略科创平台仍处于探索阶段，还没有形成统一的成果转化模式标准。目前，社会力量主导型战略科创平台采取的科技成果转化模式主要包括"三发"联动模式、资金技术创投模式等。譬如，深圳华大生命科学研究院坚持以基因组为基础的科学发现到技术发明和产业发展的"三发"联动，目前已在全球设立近40家公司，实现了产业链的上下游部署。东莞松山湖高新区著名的"苹果理论"是科技成果在东莞加快转化最形象贴切的描述，从"青苹果"到"苹果林"的过程，就是推动科研成果从"样品"到"产品"、从"产品"到"产业"的过程。

　　利润分配是指战略科创平台在一定时期（通常为年度）内对所实现的利润总额及从联合单位分得的利润，按规定在国家与企业、企业与企业之间的分配。社会力量主导型战略科创平台的利润分配实行研究院与服务团队共享机制，合理分配。投资成果回报主要通过对项目孕育期投资、创业期投资、技术成果入股、创业服务转换股权等多种形式参与创业项目成果分配。如华大生命科学研究院实施风险承担和成果分享的管理制度，将利益分配与投资主体所承担的风险挂钩，充分考虑各主体的投入及承担风险的平衡性，建立了将研发风险和利益挂钩的激励机制。

二、灵活的社会用人机制

社会力量主导型战略科创平台的核心竞争力是人才。人才队伍的质量直接决定着机构的产出和成果，是机构不可或缺的重要因素。与传统科研机构中人员编制化和单一固定薪酬制激励机制不同，这些科创平台通常按照企业化管理方式运作，普遍采用了合同制、匿薪制、动态考核、末位淘汰等开放灵活的管理制度。考核机制是平台发展目标导向的重要体现，战略科创平台以创新为根本，以催生新产业和创造社会财富为目标，采取较为灵活的考核评价机制。在成果考核时，定位于基础研究的研发组织设立有利于自由探索的考核机制，以推动科学研究的实际贡献来评价研究成果；定位于应用开发的研发组织则强调市场导向，以满足产业需求为目标，以对产业发展的贡献来考核研究成果，这些举措都使平台的研发效率和科技服务社会能力大大提高。同时，在人员聘用和晋升上，注重员工的原创性的能力、素质和水平，不以年龄论资格，不以学位论能力，大胆任用具有创新胆识和创新能力的年轻人，激发了其创新意识和创业雄心。阿里巴巴达摩院更是创新性地开拓了多元人才招募渠道，包括传统招聘形式，主要对象是社会全职人员，面向机器智能领域、数据计算领域、机器人领域、金融科技领域等全球工业界与产业界的精英人才；科研合作形式，向具备优秀研究能力和扎实实践能力的学者提供访问研究机会，开设博士后科研工作者以及创新研究计划，该计划面向全球高校及科研机构的全职工作人员征集优秀的技术提案，如提案经过技术评审委员确定最终入选项目，科研人员将与阿里巴巴集团开展为期 1 年的科研合作，由阿里巴巴提供研究资金、互联网行业真实的业务实验场景及其他必要的支持，与阿里巴巴工程师一起发现问题、定义问题、解决问题；竞赛奖励形式，如达摩院青橙奖面向35 周岁及以下已经获得博士学位的中国籍青年学者，阿里巴巴达摩院为每位获奖人发放 100 万元人民币奖金，并提供开放的数据资源和应用场景等全方位支持，助力其开展科学研究以及全球数学竞赛等；研究实习形式，主要对象是海内外顶尖高校博士生、硕士生及本科生的实习生，目标是基于阿里巴巴在电商、金融、物流、云计算等领域的丰富业务场景，联合培养高素质的计算机创新研究人才。[①]

---

① 周思佳.企业研发机构对高校创新型研究机构的启示——以阿里达摩院为例[J].江苏科技信息,2021,38(18):56-59.

三、开放的科研组织模式

我国社会力量主导型战略科创平台通常因非公立性质存在着财政性科研经费支持不足的制约,但普遍采取了包括"广泛而高效的科研募资""优化人才引进与培养方案""以应用驱动科研"在内的开放化的新型科研组织机制。大多社会力量主导型战略科创平台被定义为非营利组织,虽然不以追求现实经济效益为目标,但为了保证高水平研究所需经费,除依靠政府资金支持外,也通过主动参与市场竞争而获取多种资金支持,战略科创平台在协同创新中获取收益的手段主要包括服务成果回报和投资成果回报。同时,社会力量主导型战略平台特别注重创新活动与人才培养国际化,以广阔的视角、方式与更多的科研机构建立协作联盟,以人才合作为载体,达到共享科研资源、成果,共同促进学科进步为终极目标。此外,社会力量主导型战略科创在科研活动进行过程中始终保持高度的市场灵敏性,使其研究成果能够快速转化为经济收益,促进"基础研究—产业化需求"相互融合与支持。以阿里巴巴达摩院为例,达摩院从设置研究领域方向开始,到产学研用链条的末端都深刻地嵌入了阿里巴巴集团自身发展需求。达摩院成立之初所设置的机器智能、数据计算、机器人、金融科技、X 实验室一方面致力于推动人类未来 30 年的科技创新,另一方面更与阿里巴巴自身业务发展关系紧密。阿里巴巴作为一家电商和互联网企业,数据和云计算是其最为需要的技术支撑。除此之外,达摩院格外重视研究方案的落地可行性与实践应用性。目前,达摩院的 5 大研究领域的 14 个实验室,全部都有与研究方向对应的实际产品及应用场景:机器智能领域下的语音实验室,其职能语音客服产品应用于智能语音导航(电话客服机器人、快递咨询等)、智能外呼(催收、回访、发货前确认等)、金牌话术、智能质检、APP 服务直达等多种场景,目前已落地于支付宝 95188 热线、菜鸟电话机器人、中国平安培训助手、中国移动智能客服等;视觉实验室研发的拍立淘和图像搜索云产品具备业界领先的图像搜索与识别技术,并应用于多种场景,每天有超过1700 万人通过淘宝和天猫使用拍立淘的以图搜图功能,并基于阿里云平台,研发了图像搜索云产品,为具有海量图像搜索需求的客户(如电商、相册、图库类网站)提供完整的以图搜图解决方案①,这些需求推动着达摩院产学研用链

①　周思佳.企业研发机构对高校创新型研究机构的启示——以阿里达摩院为例[J].江苏科技信息,2021,38(18):56-59.

条的持续转动。

四、市场化的科技成果转化

科技成果转移转化,也称为技术商业化等,是一个以市场为导向的技术创新的扩散和应用过程,是创新成果面对市场具体需求的技术开发和商业化。同时,其作为在社会生产实践和科技创新之间的杠杆和桥梁,有填平两者间的"死亡之谷"作用,及抓住创新的机会窗口,进一步完善创新体系等作用。我国大部分社会力量主导型战略科创平台的成果转化机制通常包含直接和间接两种方式。直接方式是指平台科技人员直接创办企业,建立平台——企业的一体化产学研合作,以及开展平台——企业人才交流;间接的转化方式即依托官方或民办的各类营利和非营利专业机构和多元化中介机构来开展的科技成果转化,这些机构主要目的是实现科技成果与社会资本的有效对接,形式上包括政府支持的团体机构、高校设立的科技成果转化机构以及各类科技咨询公司等。同时,许多战略科创平台本身就是产学研协同创新平台,其创立目标即为打破制约科技成果转化的各种"关卡",促成创新链和产业链、科技成果与市场需求的有机衔接。贝尔实验室的成果转化机制是一个 R&D 和 P&M(P:生产,M:市场)的超循环过程,该过程将系统内部的基础研究部、技术创新部、产品生产部和市场销售部以及系统外部的产业链、地域性市场、地域性资源整合成一个动态的有机系统。具体的成果转化机制为:贝尔实验室的基础研究部从科学发展和市场需求中寻找研究课题,以科学发现作为成果体现出来。发展部再将基础研究的成果转化为先进的技术创新,将设计图纸或模型作为技术成果展示出来。公司的管理部门再将这些设计图纸或模型交给生产厂商去生产。之后由经营部将产品投入市场营销,市场工程师将收集到的市场需求反馈到基础研究部,作为新的选题依据。以上各部门环节之间构成一个磨合的大循环,同时在各部门内部也实现着局部优化的催化循环,使得整个系统形成一个动态调整、孵化选择、耦合相关的超循环过程。① 这种成果转化模式极大地提高了科技成果转化的孵化率和转化率,保证了贝尔实验室的研发与市场需求同步,促进其可持续发展。

---

① 张丽娟.贝尔实验室科技成果转化机制的探讨[J].广西民族大学学报(自然科学版),2011,17(2):20-24.

第五章　高校院所主导型战略科创平台

近年来,围绕着中共中央、国务院关于实施创新驱动发展战略的重大决策部署,国家相关部委和各级政府相继出台了产学研协同促进科技成果转化的系列政策法规和激励措施,全面支持高校科研院所科技成果转移转化。在此背景下,高校院所主导型战略科创平台应运而生。这类平台充分发挥高校院所在学科、人才、研发平台、科研设备和科研成果等方面的综合优势,在治理结构和运行机制等方面进行了创新探索。本章旨在刻画出高校院所主导型战略科创平台的发展历程和主要特征,并对其发展概况、治理结构和运行机制加以对比分析。

第一节　发展概况

一、高校院所主导型战略科创平台的发展历程

1. 国外高校院所主导型战略科创平台

在大学理念的发展历史上,有两种著名的思想,一种是英国大主教纽曼的通才教育思想,培养青年各方面的知识,使其成为一个具有责任感的公民;另一种是贯穿于 19 世纪和 20 世纪初的德国洪堡思想,这种思想认为大学应当是进行研究的场所,要进行研究和培养学生对某个领域研究的研究能力,侧重于专业的研究。社会服务思想发源于 20 世纪初的美国,1904 年威斯康星大学在查里斯·范海斯(Charles Richard VanHise)校长的领导下提出了为州服务的"威斯康星计划"。该项计划赋予威斯康星大学两项重大任务:一是帮助州政府在全州各领域开展技术推广,二是通过函授教育以帮助提升本州公民知识技能水平。第二次世界大战之后,全球主要城市纷纷把科技创新与产业化作为进一步释放地方经济发展动力的重要抓手,高校院所与地方政府的合

作变得愈发密切。

早期高校院所通常作为科技研发的合作者参与国家科技创新与产业化，是高校院所主导型战略科创平台的雏形。以美国联邦资助的研发中心（Federally Funded Research & Development Centers，FFRDCs）为例，FFRDCs起源于第二次世界大战时期，在1940—1960年代迅速发展[①]，它属于政府所有，但由大学、非营利机构或企业等承包商来运营（Government-Owned，Contractor-Operated，即GOCO模式），其绝大部分经费来源于联邦政府，且主要完成联邦政府赋予的任务与使命。FFRDCs通过"WHAT-HOW"关系，以联邦政府部门制定战略任务和高标准的目标，而承包商（大学、非营利机构、企业）可以自由决定如何采用最好的方式来实现这些目标的方式，共同成立研发实验室（R&D Laboratory）、研发分析中心（Study and Analysis Cent）或系统工程与集成中心（System Engineering and Integration Center）[②]，这也是高等院校面向国家急需和产业需求开展科研攻关的一种社会服务模式。FFRDCs凭借其独特的资源优势、政府稳定的经费支持、管理上的灵活性以及长期积累的专业知识，产生了许多重要成果，在美国国家科技创新体系中扮演了重要角色，许多FFRDCs成为世界一流研发机构。与FFRDCs类似的还有美国能源前沿研究中心（EFRCs）、能源创新中心（EIHs）等。这些战略科创平台主要由大学主导，以按期资助经费的方式在基础研究和潜在商业化上谋求突破，支撑美国新能源经济建设。[③]

进入21世纪，城市与高校院所深度合作的产学研模式成为主流趋势。纽约自2009年起推行了一系列城市创新促进方案，其中首先启动且规模最大的是由常春藤名校康奈尔大学与其学术伙伴以色列理工学院共同斥资建设的"康奈尔科技园"。作为美国首个政府参与投资和规划的大学园，纽约政府不仅零地价捐出罗斯福岛的土地，还斥资1亿美元用于其基础设施改造，并提供能源补贴、税收减免等支持。此外，形成较大成效的是布隆伯格倡导实施的"应用科学"计划，该计划旨在吸引世界顶级理工院校到纽约建立大学和科技园区，改变纽约高校文科强、工科弱的格局，从而弥补纽约"应用科学"短板，为地方培养大批应用科学人才。

---

① 丁明磊，陈宝明. 美国联邦财政支持新型研发机构的创新举措及启示[J]. 科学管理研究 2015,33(2):109-112.

② 赵俊杰. 美国联邦资助的研发中心概况[J]. 全球科技经济瞭望,2018,33(10):25-33.

③ 陆军雄，罗如意. 美国新型研发机构典型案例与经验[J]. 杭州科技,2017(5):35-36.

2. 国内高校院所主导型战略科创平台

21 世纪初,国内主要城市也纷纷依托国际高水平的高校、科研机构和人才队伍来提升城市科技创新能力,进而推动区域产业发展。清华大学于 1996 年率先与深圳市人民政府深化合作,共建深圳清华大学研究院,是国内最早成立的新型战略科创平台;2013 年北京市海淀区提出重点实施"提升核心区创新引领辐射力"的"五大工程";上海市浦东新区积极推进中国科学院上海分院各类重大工程项目落地,推动量子通信研究成果产业化等[①],各类新型研发机构数量呈现爆发式增长。

高校院所主导型战略科创平台一般由高校与地方政府或企业合作共建,具体经营管理以高校院所为主,并且以高校院所科技成果深度开发和转移转化为主要目的。此类平台通常都会根据不同区域的市场需求和产业特色选择性布局,契合区域发展战略和市场发展规律,因而能获得当地政府的大力支持,并且在市场的不断合作与竞争中获得迅速的发展和崛起,在提高所在区域的创新创业水平同时,部分战略科创平台兼顾高校人才培养职能,旨在以高校自身的学科优势赋能新兴产业发展需求。同时,依托国际高水平院校的学科优势和人才资源,高校院所主导型战略科创平台将以高校院所为中心的创新链与地方产业链紧密融合,面向先进制造业和战略性新兴产业,积极打造区域产业集群,促进重大科研成果有效服务于区域产业创新发展。

本章将选取两家代表性高校院所主导型战略科创平台:中国科学院深圳先进技术研究院(以下简称"深圳先进院")和浙江大学杭州国际科创中心(以下简称"浙大杭州科创中心")作为典型案例,对高校院所主导型战略科创平台的治理结构和运行机制进行概括性介绍。上述两家代表性高校院所主导型战略科创平台均由高校院所与当地政府共建,其战略目标均围绕推进科技成果转化、促进区域产业转型升级及提升区域自主创新能力等施行(如表 5-1 所示)。

---

① 朱学彦.上海各区在科创中心建设中应实现优势互补、错位竞争[J].科学发展,2018(5):23-31.

表 5-1 代表性高校院所主导型战略科创平台概况

平台名称	成立时间	共建单位	愿景目标
深圳先进院	2006 年	由中国科学院、深圳市人民政府和香港中文大学共建	提升粤港地区及我国先进制造业和现代服务业的自主创新能力,推动我国自主知识产权新工业的建立,成为国际一流的工业研究院。
浙大杭州科创中心	2018 年	由浙江大学和杭州市人民政府共建	打造成为具有世界一流水平、引领未来发展的全球顶尖科技创新中心,成为长三角一体化高质量发展的重要创新极,我国知识和技术创新的重要策源地,世界顶尖学者和高端人才的强力集聚地,科技和人才体制机制创新的改革试验区,带动杭州乃至整个浙江大湾区成为媲美"波士顿＋硅谷"的具有世界声誉的顶尖科技产业集群地。

(以上数据根据各机构官网信息整理)

二、高校院所主导型战略科创平台的主要特征

1. 高校主导的"三位一体"

高校院所主导型战略科创平台一般由科研实力强劲的高等院校主导,与地方政府共建,联动地方上下游企业,合力推动地方产业经济升级。机构治理上通常采用双元或多元治理结构,由高校与地方政府成立理事会,高校代表担任理事长,实行理事会领导下的院长负责制,院长一般由高校委派人员担任,理事会任命院长、副院长等领导职务。该类型战略科创平台将教育、科技、人才"三位一体"融合发展,特色鲜明,是高校人才培养的实践场所,是科技成果转移转化的中心枢纽,是科研人才与产业人才汇聚的活力水池。

2. 校地共建的运行模式

高校院所主导型战略科创平台通常以地方政府与高校共建事业单位形式成立,其运行模式、考核指标、目标导向等内部管理与运行机制均区别于原高校,相对独立。一方面能突破传统体制机制束缚,引导科研人才不再仅仅围绕项目、论文、获奖等客观指标开展研究,而是转向能实际落地,能为社会创造实

际价值、紧跟社会经济发展趋势的科研工作[①]；另一方面通过吸纳、引育一批面向产业需求的人才，攻关、产出一批能落地应用的成果，既对接行业需求，服务地方产业，又进一步向高校输送优秀人才、支撑学科发展，成为高校的学科增长极和人才蓄水池。

3. 产业导向的创新战略

高校院所主导型战略科创平台始终以产业需求为导向开展科技攻关与技术研发，同时在自身相关领域布局前沿研究与基础创新。其通常能充分发挥自身的学科优势，通过与其他创新主体协同面向市场需求，不断适应市场需求的变化，将自身研发技术应用到市场所需的产品或服务中，进一步推动产品研发与技术进步。同时，针对响应市场需求过程中发现的技术难题反向追溯，在前沿和基础研究中寻找技术突破，进一步推动产业技术迭代。

4. "政产学研金介用"的全链条协同

高校院所主导型战略科创平台坚持全链条创新协同，不仅依靠政府的政策支持，还通过产业需求引导，加之政府牵线搭桥，准确对接产业技术研发需求，共建研发中心与团队，开展关键技术研攻关、新产品开发、传统工艺改进等合作。一方面与地方政府、龙头企业推进科技创新平台、科技创业平台和科技服务平台等创新载体建设，形成资源汇聚、信息共享、协同合作的创新体系，助力科技成果进一步推广和发展壮大；另一方面还联动地方政府、金融服务机构健全科技金融服务体系，完善科技金融政策体系、合作承担科技项目，有力支持科技成果转化和产业转型升级。

第二节 治理结构

高校院所主导型战略科创平台通常由高校直接深度参与建设，其治理结构通常包括理事会为核心的治理模式、产业导向的组织结构、事业法人企业化的管理方式等特征。

---

① 董华青.高校新型研发机构的发展及其对策[J].浙江工业大学学报(社会科学版),2018,17(4):458-462.

一、以理事会为核心的治理模式

国际上新型研发机构一般实行理事会领导下的院长负责制,理事会作为机构最高的决策部门,负责组织的战略定位和发展方向等重大决策。这类责权清晰的组织架构既能够实现"投管分离",又能很好地贯彻执行上层的重大决策和任务。

高校院所主导型战略科创平台通常由高校或科研院所与当地政府共同组成理事会。在具体实践中,理事会的职责及构成会存在微小差异,但总体上都将理事会作为高校院所主导型战略科创平台的最高决策机构,负责审议重要制度、发展战略、规划、重要人事任命、财务预决算等重要事项。本章选取的两家典型高校院所主导型战略科创平台的理事会职责及构成情况如表5-2所示。

表5-2 代表性高校院所主导型战略科创平台理事会概况

平台名称	理事会构成	理事会职责	理事会运行
深圳先进院	由中国科学院、深圳市人民政府和香港中文大学各委派人员组成。由中国科学院担任理事长单位,深圳市人民政府、香港中文大学担任副理事长单位,中国科学院广州分院、深圳市相关局委参与	三元制理事会制度,由理事会负责审议先进院重要规章和制度,提出所长(院长、主任)与副所长(副院长、副主任)的建议人选,审议发展战略、规划及法定代表人任期目标,审议年度工作报告、财务预算方案和决算报告,审议批准先进院的薪酬方案等	第一届理事会于2010—2014年先后召开4次;第二届理事会截至目前共召开2次(第一次会议于2017年4月12日召开,第二次会议于2020年6月16日召开),无固定召开频次
浙大杭州科创中心	由浙江大学、萧山区人民政府共同组成理事会,共15名理事;理事长由浙江大学、萧山区主要领导担任,浙江大学有关职能部门负责人、萧山区相关局委参与	双元制理事会领导下的主任负责制,根据工作实际组建管理层。由理事会负责审议重要规章和制度、发展规划、重大业务活动、财务预决算、管理层工作,拟定内设机构或分支机构设置方案,聘任杭州科创中心法定代表	理事会每年至少召开2次会议,必要时可通过网络、通信形式召开。理事会会议一般由理事长召集和主持,也可由全部理事1/3以上的理事提议召开

上述两家典型高校院所主导型战略科创平台通过理事会制度明确了各主体的功能定位、权利和义务,协调各个创新主体的合作,并对其进行合理分工、有效衔接,有利于更加充分高效地利用各创新主体的不同优势,加速创新成果的转化和应用,推动和提升产业核心竞争力。在具体运作方面略有不同,如深圳先进院由中国科学院任理事长,深圳市人民政府和香港中文大学任副理事长,理事会可以任免所长(院长、主任)与副所长(副院长、副主任);而浙大杭州科创中心则是由浙江大学和萧山区共同担任理事长,理事会仅聘用法定代表人,主任和副主任等人选由浙江大学提名。

二、产业需求导向的组织结构

高校院所主导型战略科创平台是以实现科研成果转化为主体目标,集科研、教育、产业、资本为一体的微型协同创新生态系统,为实现多元化职能的协同发展,势必需要紧扣科技产业的发展需求,依托自身丰富的创新资源和强大的品牌影响力,不断整合相关创新资源并优化自身的组织架构以适应市场需求(见表 5-3 所示)。

表 5-3 代表性高校院所主导型战略科创平台功能架构概况

平台名称	科研机构	技术服务	产业孵化	科技金融	人才培养	国际合作	其他
深圳先进院	9 家研究所	/	深圳龙华、平湖等多个特色产业育成基地	多只产业发展基金	国科大深圳先进技术学院	依托合作项目、国际会议等	科学传播
浙大杭州科创中心	5 个研究院和若干创新工坊	共建 20 多家联合实验室,牵头组建若干产业技术联盟	"未来+"孵化器、"启真+"科技成果转移转化基地	天使壹号基金、"微纳+"科创产业基金	浙大集成电路学院、浙大网络空间安全学院	/	产业联盟

浙大杭州科创中心布局了"2+1+2+5+N"的创新平台载体,具体有 2 个全国重点实验室总部,1 个浙江省 CMOS 集成电路创新平台,2 个学院,5

个研究院和若干创新工坊。在科研攻关方面,紧紧围绕浙江省"三大科创高地"圈定的物质科学、信息科学、生命科学三大学科的交叉汇聚,布局半导体、合成生物等相关研究院;在科技服务方面,与传化、舜宇集团共建创新研究院,与行业龙头企业共建 20 多家联合实验室,还牵头组建浙江省相关领域产业技术联盟,持续开展产业共性关键技术研讨和联合攻关;在科技孵化方面,成立"未来＋"孵化器,积极创办创新创业服务;在科技金融方面,先后组建天使壹号基金、"微纳＋"科创产业基金,加速链接中心、政府和优质社会资源,加快探索自我造血的可持续发展新路径。

深圳先进院为适应科技产业需求,在发展中不断优化自身组织架构,在市场化竞争中占据优势:为推进科技与产业的协同发展,于 2010 年成立育成中心;为弥补高端人才不足,于 2012 年成立博士后科研流动站;为提升深圳市工业创新创意水平,于 2013 年与工业设计行业协会联合成立创新设计研究院,为深圳市乃至全国的工业制造业提供创新设计咨询、创客平台、设计教育、成果孵化等专业服务;为进一步完善"科研、教育、产业、资本"四位一体模式,于 2013 年成立"中国科学院大学深圳先进技术学院";为助推全社会的创新创业发展,于 2014 年成立中科创客学院;为进一步加强国有资产管理,于 2015 年成立经营性国有资产管理委员会、经营性国有资产管理办公室。

三、事业法人企业化的管理方式

有学者总结了部分战略科创平台的成功经验,基于新型科研机构的公益性、经济性、社会性和创新性等四个方面的基本属性,提出了体制放权赋能与市场化机制支撑并行的双层治理体系。一方面,通过明确独立法人打破体制机制藩篱,激发创新活力,提高工作效率,完善了民主化决策程序,调动了团队工作积极性;另一方面,也可通过在内部治理中强调事业法人和企业化管理,追求效益最大化,通过市场化机制以创新平台对接共性关键技术及专有技术供求来实现科研成果转化,不断整合相关创新资源并优化自身的组织架构。

高校院所主导型战略科创平台通常属于事业单位性质,但实行企业化管理方式,即采用"事业单位企业化运作"的治理体系。具体来说,此类战略科创平台在性质上仍属国有科研机构,但不核定事业编制,没有固定的经费来源,筹建期由政府给予运营启动经费支持。因此,其主要经济支持来自市场,一般通过提供技术服务、产业孵化服务及选择性设立或参股优质企业等方式实现经济收入。在人才引育层面,人才招聘和具体考核过程中采用企业化的制度,员工薪资相对更加灵活。这种双层治理体系兼顾了事业单位和企业两种管理体制的优势，在运行机制方面拥有更高的效率。一方面事业单位属性既保障了政府初期给予建设经费的合法性，也保障了战略科创平台的公益性；另一方面，企业化运作则减少了战略科创平台对于财政拨款的负担，提高了平台面对市场竞争时决策活动的灵活性。

双层治理体系的特点通常被概括为"三有"和"三无"。其中，"三有"指的是有政府支持、有市场盈利能力、有激励机制；"三无"则是指无级别、无编制、无运行费。例如深圳先进院十分注重以产业需求为引导，与企业、市场保持着密切的联系，全院收到的政府固定拨款每年大约只占总收入的10%，其他均为通过市场竞争获取的竞争性课题经费。其中政府支持中国科学院深圳理工大学建设的资金占比约6%，固定经费占比约6%，包括中国科学院给予750个编制的经费及深圳市按照1:0.5配套的经费，以及深圳市对中国科学院按照1:1配套的项目经费。浙大杭州科创中心十分重视企业合作，通过积极牵头成立产业技术联盟，持续深化加强与龙头企业的合作，共建联合实验室，积极开展产业共性关键技术研讨和联合攻关，实现通过市场竞争获取运行经费。在科技成果转化方面，通过制定相关管理制度，鼓励科技成果以转让和许可、作价入股或自主实施等方式进行转化，并将转化收益合理合法分配给科技成果完成人，建立可持续的有效激励机制。

第三节　运行机制

高校院所主导型战略科创平台由于兼具市场化和公益性，自筹经费、自主运营、独立核算、自负盈亏，通常采用灵活的企业化运作模式，具有多元化的投资主体机制、有组织的科技攻关机制、灵活性的人才发展机制、市场化的成果转化机制等鲜明特征。

一、多元化的投资主体

高校院所主导型战略科创平台通常是按照对等投入、（新型）事业单位企业化运行模式建设发展。可以说，投资主体的多元化很大程度上保证了其运行模式的开放化。高校院所主导型战略科创平台采用开放式创新运作模式及企业化管理模式，十分有效地激发了发展动力，形成良性循环。多元化的投资主体机制主要表现在资金投入机制和决策机制两个方面,具体分析如下。

在投资主体方面,浙大杭州科创中心是具有国有资产成分的非营利性公益性机构,是浙江大学与杭州市人民政府共建、由浙江大学举办的独立法人事业单位,实行自主运行、独立核算、不定编制、不定级别,积极探索"政府主导、多元投资、浙大为主、混合运营"的运行新体制。建设初期由杭州市人民政府提供场地和运行经费,浙江大学提供人才、学科等资源,后期依靠纵向项目申报、人才经费支撑、科技服务举措和科技成果转化等渠道逐步拓宽资金来源,减少对政府财政拨款的依赖。

深圳先进院先期由深圳市人民政府提供持续资金支持、空间支持、政策支持以及相关学院、学校的建设。深圳市根据中国科学院对深圳先进院的投入经费,予以1∶1的资金配套,针对深圳先进院的相关重大科技基础设施提供了超50亿元的资金(不含基建)。① 经过10多年的不断尝试和摸索,2022年深圳先进院人才、纵向、产业化等竞争性经费占比83%,已形成良性可持续的投资运行机制。

在决策机制方面,深圳先进院实行理事会管理,由中国科学院、深圳市人民政府、香港中文大学委派理事会成员,理事会负责审议深圳先进院重要规章和制度,提出所长(院长、主任)与副所长(副院长、副主任)的建议人选,审议发展战略、规划及法定代表人任期目标,审议年度工作报告、财务预算方案和决算报告,审议批准先进院的薪酬方案等,理事会管理制度下的工作效率高,逐步形成深圳先进院"敢想敢干"的创新文化。

浙大杭州科创中心在顶层决策上由浙江省、杭州市、萧山区、浙江大学共同组成管理委员会,建立省政府工作联席会议制度,加强对浙大杭州科创中心建设重大事项的统筹协调;区校成立理事会,作为决策机构和监督机构;区校双方各自专门成立建设工作领导小组,负责各自的内部协调。内部治理实行理事会领导下的主任负责制,根据工作实际组建管理层。主任班子主持浙大杭州科创中心的业务工作、日常事务,负责人事、财务、资产等管理职责,定期向理事会汇报工作进展情况。同时,设立专家咨询委员会,负责研究平台、学术方向、引进人才、成果转化等重大学术事项的咨询和评议。

---

① 樊纲,樊建平.国家战略科技力量 新型科研机构[M].北京:中国经济出版社,2022:5.

二、有组织的科技攻关

高校院所主导型战略科创平台围绕国家经济社会重大需求、地方重点产业发展、科技发展趋势和未来发展的前景等，聚焦若干领域，突出学科间的交叉融合，促进学科间的集成创新，开展有组织科技攻关。

在科研布局方面，深圳先进院坚持以需求为牵引，学术和研发并重，其发展目标根据国家和深圳市各时期的发展需求而变化。第一阶段，根据深圳市电子信息产业快速发展产生的智能制造、新材料、新能源等领域的需求，布局集成技术、机器人、新材料、新能源等领域；第二阶段，在深圳市提出重点发展"BT＋IT"的背景下，针对深圳市生命健康领域共性技术需求，切入低成本健康和高端医学影响等领域，积极组织相关核心关键技术攻关；第三阶段，由于人工智能、大数据、云计算、物联网等科技产业的快速发展，国家高度重视大数据、智慧城市，深圳先进院开辟出相应的大数据、超级计算的科研方向。

浙大杭州科创中心紧密围绕浙江省"三大科创高地"（"互联网＋"、生命健康、新材料三大科创高地）建设，建设初期经过充分调查研究和反复论证，确定其科研攻关领域聚焦物质科学、信息科学、生命科学三大学科的交叉汇聚。与传统的科研机构、研发机构不同，浙大杭州科创中心坚持"四个面向"，加速贯通从原始创新到技术研发、从成果转化到产业化的全链条创新生态。在前端，聚焦国际科学前沿，建设微纳设计与制造公共技术平台；在中端，围绕若干重点领域建设一流产业创新平台，开展共性技术攻关；在后端，聚焦成果转化与产业化，建立成果转移转化网络，促进产学研协同创新。目前经专家论证，具体布局 CMOS 芯片设计与制作成套工艺流线、宽禁带半导体领域、合成生物学、新物质精准智造、量子计算、原子精度制造、土壤污染控制与治理、超分子新物质创制、新型电磁结构创新等科研方向。

在科研组织形式上，深圳先进院没有采取高校的 PI 制（课题组长制），而是实行研究中心制，强调团队攻关，集中力量办大事，提供核心技术和系统级解决方案。深圳先进院打破传统的一级学科、二级学科的布局形式，推动学科间的交叉融合，促进学科间的集成创新。在面对大型战略研究课题的时候，深圳先进院可以组织多个研究中心共同攻关，形成学科交叉、集成创新优势。同时深圳先进院每年还对研究所、研究单元、职能部门进行考核，对年度规划任务完成情况及完成质量、年度工作亮点进行评估，还对动态根据科技布局调整需要考核评估结果，对不符合科技发展趋势和学科布局、考核情况不理想的部门(单元)和学科,进行调整甚至撤销。

浙大杭州科创中心在内部设立科研机构(研究院或工坊),实行首席科学家领导下的院长负责制。首席科学家作为内设科研机构的总负责人,承担总体规划、实施指导、评审把关、资源配置等职责,统筹使用科研经费和场地等资源,制定总体考核目标,以项目制形式开展工作;院长承担行政管理、联络协调、安全生产、监督考核等职责,做好人才引育、科研攻关、成果转化、平台建设、国际合作等日常工作。比如浙大杭州科创中心内设的科研机构——生物与分子智造研究院,由浙江大学化工学院牵头,化学系、生研院、医学院、生科院、高分子系、农学院、环资学院、药学院、生工食品学院等多学科资源参与建设。同时,浙大杭州科创中心对于首席科学家提出的内设科研机构总体考核目标分年度进行绩效考核,考核结果作为持续支持的重要依据,对于考核不达标的根据研究方向、设备共享程度、研究可持续性等情况综合考虑进行整合或清退。

三、灵活的人才队伍

高校院所主导型战略科创平台依托自身在人才队伍建设、管理和培育等方面优势资源,积极引进和吸纳国内外优秀科研团队和人才,并培养科研领军人才和创新创业人才,实现推动区域产业发展的高端人才的快速汇聚。

在人才引进方面,高校院所主导型战略科创平台利用制度创新优势,主动融入全球创新网络,迅速汇聚国内外高端人才,为构建国内大循环的中心节点、国内国际双循环的战略链接提供了坚实的人才支撑。如深圳先进院依托学科优势,在引进高层次基础研究及技术攻坚队伍方面进行了重点发力。一是采用全球招聘策略,灵活设立"AF 教授[①]""高级访问学者"等岗位,不断吸引国际知名教授来院工作,实行非全时聘用,确保学术方向的前瞻性;二是组建人才梯队,采取快速集聚、引进落地、合理流动、搭台压担等方式建设由首席科学家、领军人才和中青年骨干组成的三级人才梯队,从强个体逐步过渡到强团队。经过 15 年的发展,深圳先进院从最初的 5 人团队发展成近 5000 人的规模,拥有员工 2757 人(其中海归 903 人),学生 2148 人。员工平均年龄 33岁,15% 的人员流动率保持了深圳先进院的年轻活力与持续创新。仅在 2021年,深圳先进院就新增 6 名院士,且有 31 人入选全球前 2% 顶尖科学家榜,其

---

① 指兼职工作一年两三个月的海外知名教授。

中中国科学院深圳理工大学首批学院院长及系主任全部上榜。

浙大杭州科创中心围绕"前沿研究—技术攻关—产业转化"创新生态链，引进一批世界级的顶尖学术大师，培育一批拔尖创新人才，集聚一批产业专业技术人才，聘用一批高效专业的管理运营人才。一是建立院士领衔的科研创新平台，提供先进的科研设备、良好的科研项目、充足的资金空间，打造一流科研环境，发挥院士等高层次人才集聚效应，精准招引微纳领域优秀人才；二是重点实施顶尖人才助力计划、攻坚人才提升计划、青年人才卓越计划、科创百人计划等人才计划，为院士、四青、博士后等各类人才提供量体裁衣式的支撑保障，同步出台"引才荐贤伯乐奖"，吸引社会各界人员主动荐才；三是通过专场招聘会、网络媒介、学术论坛、猎头推荐等途径，丰富人才招引渠道，与国内外大学、科研机构和领军型创新企业开展合作，精准招引微纳领域高水平人才。截至 2022 年 8 月底，浙大杭州科创中心聘用各类科研人员 700 余人。

在人才培养方面，高校院所主导型战略科创平台可作为人才培养的实践场所，依托高校学科资源，积极承担起各类后备人才培养的主要任务。以深圳先进院为例，2012 年 8 月 30 日正式挂牌成立的"深圳先进技术学院"成为深圳市第三所特色学院。2013 年 6 月 20 日，"中国科学院大学深圳先进技术学院"作为中国科学院大学第一所揭牌的专业学院正式成立。2018 年 11 月，中国科学院和深圳市人民政府签订合作办学协议，依托深圳先进院合作共建中国科学院深圳理工大学（以下简称"深理工"），并于 2019 年 10 月经教育部和广东省同意将其纳入了广东省高校的"十三五"规划；同年 12 月，筹建联合领导小组第一次会议顺利召开，全面推进筹建工作。深理工是一所独立设置的全日制公办高校，由中国科学院和深圳市共同举办、共同建设、共同管理。该校瞄准粤港澳大湾区创新发展，面向未来产业科技与人才需求，建设理工为基、科学引领、世界一流、小而精的研究型大学，发挥科教融合优势，培养国际化、创新型、复合型领军人才，为粤港澳大湾区建设提供人才支撑和智力支持。在课程体系方面，深圳先进院/深理工开设了涵盖化学学科、生物学科、控制学科、计算机学科及相关领域的课程（深圳先进院/深理工学科点建设情况如表5-4 所示）。同时结合国际科研动态引进国外一流导师的前沿讲座，讲授科技前沿发展的全英文课程。在联合培养方面，2019 年深圳先进院/深理工与澳门大学、英国诺丁汉大学等签订联合培养协议。目前与深圳先进院/深理工联合培养学生的高校已有 36 所，实现了本、硕、博全体系的联合培养。借助合作高校的经验，深圳先进院/深理工完善自身讲义、教材建设体系，并与东北大学、暨南大学等国内高校达成本科生培养协议,引进兄弟院校的本科生课程教材及讲义;与香港科技大学合作,引进其计算机领域的讲义、教材。

表 5-4 深圳先进院/深理工学科点建设情况

一级学科(专业学位)	二级学科专业	二级学科(专业学位领域)培养层次
计算机科学与技术	计算机应用技术	博士
控制科学与工程	模式识别与智能系统	
	控制理论与控制工程	
	检测技术与自动化装置	
生物学	神经生物学	
	发育生物学	
	细胞生物学	
	微生物学	
	生物化学与分子生物学	
化学	物理化学	
	化学生物学	
	高分子化学与物理	
信息与通信工程	信号与信息处理	硕士
生物医学工程	/	
材料与化工	/	
电子信息	/	
生物与医药	/	

浙大杭州科创中心于 2020 年成立之初便搬迁建设我国第一批"国家示范性微电子学院"浙江大学微纳电子学院,开展"集成电路科学与工程"一级学科建设,并于 2022 年 12 月成功获批集成电路国家级"双师型"教育培训基地。2022 年 1 月搬迁入驻浙江大学网络空间安全学院,与学院同步建设网络空间安全研究院,承担网络空间安全一级学科建设和人才培养任务。除上述两个学院外,浙江大学其他学科研究生亦至浙大杭州科创中心相关研究院进行阶段性培养。

在人事管理制度方面,高校院所主导型战略科创平台也进行了积极探索,旨在引育人才基础上通过制度优势留住人才,增强对国内外优秀人才吸引力的同时，加强战略科创平台自身的凝聚力。浙大杭州科创中心在人事制度方面突破传统科研院所受制于人员编制、薪酬限额、职称考核等固有问题，探索市场化用人机制，在人才评价、薪资待遇、服务保障等方面大胆革新，最大限度释放和激发各类人才创新创造活力；在人才考核方面坚持"目标导向、实效导向、优绩导向"的原则，建立 OKR 与 KPI 相结合的绩效考核模式，重点加强对绩效目标考核的过程管理和目标管理，完善退出机制，激发人才发展动能。在人才激励方面搭建人才成长通道，用好高级职称自主评聘权，畅通专业技术人员发展通道，依托浙江大学"新百人计划"，推动"科创百人计划"，特别优秀且符合条件的"科创百人"可申请浙江大学长聘教职等岗位，进一步建立人才"立交桥"通道，发挥中心人才蓄水池和立交桥作用；在人才支撑方面畅通主任信箱、书记信箱等沟通交流渠道，提供人才公寓、邻里中心、医疗金卡等各类配套保障服务，推进"168一站式"科研服务模式，协助科研人员做好实验室安全、行政管理等工作，提升引才、育才、留才、用才软实力。

深圳先进院实行"国有新制"模式，采取事业单位体制内的企业化管理，员工享有事业编制和事业费，由单位统筹安排，不具体到个人。深圳先进院对人才实施弹性管理。一是实行全员聘任制，严格考核考评，形成合理的人员流动机制，按照定量与定性相结合、公开述职与集体评议相结合的考评方式，实行年终 5% 末位淘汰考核机制，主动把自己变成市场竞争的主体。二是职称评定灵活。设置科技、产业化、支撑、管理 4 类岗位，制订适合深圳先进院发展需求的职称评定标准，打通各类岗位的成长通道，优秀创业人才与科技创新人才并重，形成"能上能下、能进能出、动态优化"的用人机制，保障队伍建设的整体水平。三是绩效导向鲜明。实行"基本工资＋岗位津贴＋绩效奖励"的三元结构工资制，通过侧重产业化指标评价，引导科研/管理人才流动到产业化岗位，鼓励创新人才将注意力集中到产业化过程中的困难环节，从而进一步加速科技成果的产业化转移。

四、产业化的转化体系

传统科研机构大多会忽略与市场的联系，导致科技成果转化效率较低，而高校院所主导型战略科创平台则不局限于服务科技创新活动的某个环节，而是逐渐演变成为从上游源头创新到下游产业化的全产业链创新体系，加速了科技成果的转移转化。从科技成果转化现状来看，当前高校院所主导型战略科创平台在内外部创新协同、产业与资本有效结合及产业孵化等方面进行了有效探索。

部分高校院所主导型战略科创平台已经形成成熟的内部应用转化、外部整合协同等多种途径高效协同的科技成果转化机制。浙大杭州科创中心在企业合作方面,与地方龙头企业共建创新研究院和联合实验室,牵头组建并做大做强领域相关产业技术联盟,为研发项目提供全链条概念验证,从源头引导科技创新面向市场和产业链;在科技成果转化方面,推行专利微导航、专利申请管理、专利快速授权管理、专利转化评估等全周期专利运营管理举措;依托第三方机构做好专利价值评估,安排运营团队积极寻求与科技成果相契合的市场买方。中国科学院深圳先进院,从组建之初就明确定位贴近市场需求,坚持应用牵引,服务区域经济,积极开展成果转移转化工作,进一步助推地区产业聚集效应的形成,努力成为创新驱动发展的新力量和推动产业转型发展的新引擎。因此不同于传统的研究机构只注重研发和论文发表,为提高科研成果转化率,深圳先进院从科研项目立项到人才引进均以产业化为目标,采取科研与产业化结合的双螺旋战略,在发展过程中不断建立健全产业化专业队伍。同时,网络化布局建设不同定位、不同模式的特色育成中心(如在深圳建设龙华、平湖育成中心,在上海嘉定建设特色育成中心),通过院地合作助力科技成果更加高效地转移转化。

完善的科技成果市场化转化机制,还需产业孵化机制支撑。尤其对于高校院所主导型战略科创平台而言,很多科技成果无法进行内部直接应用,因而需要通过外部渠道转化。这种情况下,战略科创平台的产业孵化功能得以发挥显著作用,保障科技企业利用企业资源所搭建起来的产业孵化平台,将具有良好经济和社会效益、易于推广、具备核心技术优势的创新成果产业化。浙大杭州科创中心成立"未来+"孵化器和"启真+"科技成果转移转化基地,聚焦微纳技术应用领域,重点面向集成电路/半导体、生物医药、功能材料等方面产业化项目,为科学公司提供股权架构设计、财税法务把关、产业链上游下游资源对接、企业内部运营指导、孵化器空间保障、大型仪器设备共享等系列支持举措,将助力科技成果产业化、汇聚产业人才、孵化领军企业,打造面向未来技术、影响未来产业的科技孵化平台。"未来+"孵化器已获评省级科技企业孵化器。同时,浙大杭州科创中心创办科创学堂,充分链接产业联盟资源,开展有区域影响力的创新创业活动和联盟活动,依托工程师培训和众创空间运营,进一步促进科技成果转移转化。

深圳先进院则积极建设了中科创客学院、育成中心等双创平台,实行"大资源、双导师、三通道"。中科创客学院面向初创公司开展创业扶持,从技术、产业、企业运营等维度为创业团队提供全面评估和指导,通过培育、引导给予产品设计与原型开发支持,培养创业者创新思维,开发创业者综合运营能力;育成中心设立产业基金,面向机器人与智能系统领域、低成本健康与高端医学影像领域、电动汽车领域、数字城市与超级计算领域,为企业自主创新提供充足的源头技术与人才供给和支持,增强企业在国际市场上的竞争力,构筑发展战略性新兴产业的资金支撑平台。

在科技金融服务方面,高校院所主导型战略科创平台探索发展产业与资本紧密结合的运营模式和创新生态。其结合高校和科研院所自身的科研优势和创新政策优势,为中小型科技企业提供完善的科技金融服务,促进产业与资本的有机融合。浙大杭州科创中心与市场化团队共同设立私募股权投资基金管理公司,组建科技成果转化基金、天使壹号基金,协同筹建产业基金,打造服务中早期科技型企业的基金矩阵。对内加速科学公司中式、熟化、放大、量产等环节,推动浙大杭州科创中心科技成果产业化;对外收集市场优质项目,助力完善地方特色产业链,放大区域科创板块创业集群效益。而深圳先进院与社会资本合作成立了 5 个投资基金,其中深圳中科育成科技有限公司成为天使投资,上海中科道富投资管理有限公司、上海中科昂森创业投资有限公司等为风险投资,基金规模接近 30 亿元,形成"研、学、产、资"有机的成果转化整体。[①]

高校院所主导型战略科创平台经过十多年的探索取得了长足的发展,已经成为我国国家创新体系中的重要组成部分。本章梳理了这一类型战略科创平台的国内外发展概况、治理结构和运行机制,并通过案例进行深入探讨,总结出典型机构的共性特征。从法人性质来看,高校院所主导型战略科创平台通常是以企业化形式进行运作的新型事业单位;从治理结构来看,此类型战略科创平台普遍实行理事会领导下的院长/院务委员会负责制,高效统筹协调各创新主体间的分工合作,从而形成双元型的组织治理模式和以市场需求为导向的组织架构;从运行机制来看,此类型战略科创平台已具备投资主体多元化、科技攻关有组织化、人才发展灵活化、成果转化市场化等机制优势。

① 莎薇,黄科星,陈之瑶,等.新型研发机构科技成果转化的影响因素及作用机制模型——基于中国科学院深圳先进技术研究院的探索性案例研究[J].科技管理研究,2023,43(2):127-133.

下篇　发展框架

第六章　推行有组织科研模式

在我国科技创新事业发展中,多兵种、跨领域进行联合攻关的做法取得了一系列重大成果。但是,随着科学技术的快速发展和知识创新难度的不断增加,由科学家个人好奇心和科学兴趣驱动的科学研究模式发生演变,科研工作中分散的自由探索、简单的协同攻关已经无法满足创新驱动发展需要,应积极推动科研组织模式变革,推进有组织科研创新,提高科研组织的协同化、集约化、整体化。有组织科研的基本要素体现为实现科研主体、科研目标、科研实施和科研评价的有组织性,主要特征表现为目标规划、资源配置、技术攻关、社会参与等方面的有组织化,核心路径在于"大任务"牵引、"大平台"支撑、"大要素"协同、"大团队"参与、"大成果"产出和"大节点"评价。新型研发机构是开展跨学科交叉融合、建立大团队科研攻关、建设产业公共服务平台和创新科研体制机制的重要力量,是破解当前"有组织科研"困境的有力举措。

第一节　"有组织科研"的基本认识

科研组织模式在创新活动中起着协调和组织的作用。新一轮的科技革命和产业革命涉及的学科领域众多、知识层面广泛、技术路线复杂,科研活动的组织方式日趋综合。"知识经济和竞争动态性的日益显著使得单个组织无法孤立地完成创新行为,因此寻求外部资源进行协同攻关是组织实施创新驱动发展战略的必然选择",然而受制于各种主客观条件的限制,个体化、分散式、封闭型的科研组织模式仍然占据科研活动主流,这类科研组织模式往往研究力量薄弱、研究方向趋同、研究资源分散,导致资源不足、运行不畅、效率不高,成为产生重大科研成果的障碍和诟病。因而,提高创新资源的集约化程度,实现面向重大需求的创新效果最大化,"有组织科研"创新模式越来越受到重视。那么究竟什么是有组织科研? 其在哪些方面区别于传统科研模式?

一、内涵界定

在以院系为基本组织单元的大学科研中,学科文化长期居于主导地位,受制于机构的属性、组织的边界、人员的身份以及成果的归属等诸多因素,难以突破部门、区域、组织、学科等对科研人员和科研资源的条块限制,把分散的科研力量汇聚在统一的目标下,把一切潜在的和闲置的资源发动起来,组成一支为完成特定任务的有组织的科学研究力量来开展技术攻关和基础科学研究。

因而,美国一些大学成立了跨学科研究中心或企业联合研究中心,称为"有组织的科研单位(Organized Research Unit,ORU)",一般与传统院系平行运作而不受传统院系控制,直接受分管科研的副校长或者教务长管理。在从事研究方面,ORU能完成传统院系组织不能完成的任务,即在应用研究或资本密集型领域进行跨学科研究以适应社会对新知识的种种需求。这类科研组织模式面向重大科学目标,以国家战略驱动、重大任务牵引、解决实际问题为导向,跨越科学到技术再到产业的鸿沟,推动技术创新和产业发展的协同。相较于美国大学里的ORU,发挥举国体制集中力量进行科研攻关,对于国内科研机构来说已经不是陌生的事物。"集中力量办大事",是我们国家特有的体制优势。在我国的各类规划、计划和纲要等政策文件中,反复强调在"重大战略需求""重点领域"实现"关键核心技术突破",实施统一领导、需求对接、资源共享的重大科技攻关组织方式,取得了举世瞩目的成效。只是这些重大项目的组织实施单位都是国家部委或国防军工单位,更多体现国家意志和战略需要,在大学日常的科研活动中较为少见。

先进的科研组织模式,能够有效整合和利用各种科研资源,激发科研主体的创新活力,提高科学技术研究的整体效益。有组织的科研模式是指以特定的科研任务为牵引,体系化、协同式、有组织地推进科研活动的新模式,其基本要素可概括为通过实现科研主体、科研目标、科研实施和科研评价的有组织性,在特定组织体系中开展科学研究、技术创新和成果转化,服务国家重大需求、科技前沿或产业需求。科研主体的"有组织性"是指科研团队不是个体的单兵作战,而是整体大兵团作战,表现为由首席科学家或战略家领衔,科研人员、工程人员、实验技术人员以及管理服务人员在"一个组织"中的广泛协同;科研目标的"有组织性"是指科研任务不是科研人员自有选题,而是对标国家战略需要或产业发展急需,有明确的、需达成的科研指标、重点任务和攻关要求,体现为强烈的目标导向和问题导向,以解决现实重大问题为研究出发点和落脚点;科研实施的"有组织性"是指科研攻关不是分散的"任务外包"或"化整为零",而是突出整体性的、集成化的科研活动组织,强调科研的里程碑节点、全过程管理和闭环式要求,体现团队的整体作战能力和水平;科研评价的"有组织性"是指科研考核不是个体成果的"打包"或"拼凑",而是体现科研成果的整体功效和集体贡献,对科研团队的整体作用发挥进行考核,也兼顾个体在局部的贡献付出。

根据研究领域和创新阶段的不同,"有组织科研"可被分为以下三类:一是基础研究领域的有组织科研,以取得世界领先的标志性成果为目标,侧重于跟踪国际科技前沿和未来科技发展趋势,引导科研人员潜心科研;二是技术攻关领域的有组织科研,以力争取得颠覆性技术成果为目标,侧重于结合国家战略目标和行业关键技术领域,引导科研人员开展学科交叉性、任务协同性和资源共享性的研究;三是成果转化及产业培育领域的有组织科研,以致力于产生经济社会效益为目标,侧重于面向市场需求来开展成果转移转化,积极引导市场、用户来参与科研评价和过程改善。针对上述不同领域的研究任务,作为"一种能够跨越高校学科组织界限、高效整合内部优势多学科资源协同开展任务导向型研究的科研模式",在传统的大学院系组织架构中实施存在一定的难度,需要以更加灵活的组织建制来实施有组织的科研活动。

二、主要特征

有组织科研是高校、科研院所、企业等异质性知识团队为满足复杂任务的需要而通过自主协商并结合彼此资源或优势,进行知识共享、知识获取以及知识创新的联盟系统,呈现跨组织的网络化协同演进趋势。具体而言,"有组织科研"创新模式是指目标规划、资源配置、技术攻关、社会参与等方面的组织化,体现在"大任务"牵引、"大平台"支撑、"大要素"协同、"大团队"参与、"大成果"产出和"大节点"评价。

1. "大任务"牵引:目标规划的组织化

战略目标往往决定着攻关重点的倾向、攻关阶段的划分、攻关对策的制定及攻关组织的选择。从指导思想上讲,"有组织科研就是要瞄准国际科技前沿和国家重大需求,把过去想干什么就干什么、能干什么就干什么转变为国家需要我干什么我就干什么"①。因此,有组织科研是以国家战略为导向、以突破重要领域核心技术为目标,采用"大任务"牵引的方式,通过优化资源配置来集中力量办大事。"有组织科研"创新模式下,每个组织不再是分散地以各自的目标开展创新活动,而是由统一的大目标进行驱动,单个组织的创新活动目标必须服从和服务于这个战略目标,即攻关期内的总体目标任务。通过战略目标规划组织化,实现了各个子目标之间的协同以及子目标与总目标之间的系统化组合,化解了潜在的目标之间与组织之间的矛盾与冲突。

2."大平台"支撑:资源配置的组织化

"有组织科研"创新模式是一项复杂而艰巨的系统工程,要进一步加强与国家和地方层面的顶层政策,改变传统科研院所"广种薄收"的科研资源投入方式,统筹规划与战略目标有关的全部科研主体以及所涉及的各类资源,通过搭建协同创新平台的方式,深化各个组织的开放创新程度,按照战略目标的要求进行人才、场地、设施等资源的统一调配。资源配置的组织化就是优化各个组织的资源配置,重组资源结构,促使对资源在时间、空间和数量上的合理利用,以有限的资源使战略目标在创新活动中获得最大的效益。资源配置的组织化依赖于各个组织之间的协同配置活动,通过创新平台进行统一的资源调配,能够极大提高整体的创新效率和效益,减少资源的非必要浪费,促进科研组织对资源的高效使用。

3."大团队"参与:技术攻关的组织化

"有组织科研"创新模式下的技术攻关,不是单枪匹马、各自为战式的独立攻关方式,也不是四分五裂、一盘散沙式的分散攻关方式,而是勠力同心、并肩作战式的联合攻关方式。现代科学研究只有通过合作创新才能完成,"合作""组织""联合"成了科技创新与发展的核心。在越来越强调跨学科的情况下,许多科技创新活动往往不是单一组织或单方面的能力就能完成的,因此不得不联合多方面的科技攻关力量,在战略目标的驱动下进行协同攻关。而在大兵团作战中,具有一流战略眼光、科研水平和高社会声誉的战略科学家和科技领军人才是顺利开展有组织科研的核心要素,领军人才以共同价值观、共同攻关目标为牵引,组织以基础研究人员、高水平工程师、博士后、研究生以及产业化人员等为代表的攻关团队,同时通过项目联合攻关的形式吸收企业研发人

---

① 光明日报.高校科技创新这十年:聚力基础研究 打造国之重器[EB/OL].(2022-07-20)[2023-09-18].https://news.gmw.cn/2022—07/20/content_35895510.htm.

员加入,真正形成协同化、建制化、有"战斗力"的大团队,推动重大科技任务或工程的实施。

4."大要素"协同:社会参与的组织化

随着新一轮科技革命的持续推进,经济社会面临复杂外部环境挑战,学科之间、产业之间、学科与产业之间结合日益紧密,松散型的科学研究模式已经无法良好应对局势,尤其在面对"投入大、周期长、见效慢"的国家战略性科学问题时,需要聚集更大范围力量来进行集中攻关。较早前的研究认为,区域创新主体包括高校、企业、政府,构成"高校—企业—政府"的三螺旋结构。伴随区域创新系统的演化,开放式创新战略逐步推行,从"高校—企业—政府"三螺旋结构发展成为"高校—企业—政府—客户"四螺旋结构,进而充分调动高校、企业、政府、市场等多元创新组织的积极性,促进协同创新发展,服务国家及区域创新建设大局,使整个创新系统变得更加的有组织化。因此,"有组织科研"创新模式充分注重"大要素"协同机制,整合大学、企业、政府以及社会机构的各种优势,促进相互之间的资源汇聚和协同创新,形成"企业出题、政府立题、有组织解题、市场化阅卷"的科研方式,解决制约产业发展的关键共性技术,构建分工合作、开放共享的协同创新体系。

5."大成果"产出和"大节点"评价:成果评价的组织化

传统的学科导向、面向个体的科研评价方式,已不适应有组织科研以团队协作和跨学科合作为主的科研活动。一方面,团队成员的实际贡献难以客观衡量;另一方面,大多数研究成果的水平和价值无法充分反映,难以衡量是否产出了真正满足国家、产业等层面战略需求的成果。"有组织科研"创新模式要求对科研工作及科研成果实施大节点、长周期、任务导向型的考核。针对基础研究领域,进行长周期考核和阶段性评价相结合的方式,重点考察创新团队和平台的原创能力和未来发展潜力,让长期潜心从事国家战略性攻关项目的团队能够安心开展科学研究。针对应用研究领域,实施里程碑式考核,分年度平台,并重点考察资源投入、成果产出、人才集聚、产业服务等发展指标。通过"大节点"的考核方式,引导广大科研人员注重在科学发现与认知突破中形成前瞻性、引领性的原创成果,关注国家战略需求,为我国创新发展提供前沿科技供给,在服务经济增长与产业升级中形成关键性、公共性的技术成果,为经济社会高质量发展赋能添力。

三、政策表现

"有组织科研"创新模式并不是凭空产生的,类似有组织地进行技术攻关的科研模式在我国科研领域早有实践。我国作为社会主义国家,在许多领域采取过一种称之为"举国体制"的模式来进行集中技术攻关,这种"举国体制"具有统一目标、集中资源、协同攻关的特点,可以看作"有组织科研"的具体实践。这种体制的优点突出地体现在集中力量办大事,在关键领域和重大任务上也取得了明显效果,在我国五年计划、规划纲要和相关制度中均有相关表述和具体内容体现(见表 6-1)。

表 6-1   我国五年计划和与规划纲要中"有组织"科研的内容

政策	主要内容
"一五"计划	集中主要力量,加强工业基本建设,重点建设 156 个工业项目,部署工业生产力区域配置、新基地建设,规划 11 项科学研究任务
"六五"计划	统一组织全国科技力量进行 40 项重要科技成果项目和 38 个重要科学技术攻关项目的推广、攻关
"七五"计划	安排重点科技攻关项目、重点工业性实验项目,集中力量组织联合科技攻关,获取重大科技成果
"九五"计划	集中力量,重点解决关系全局的重大科技问题和关键技术,加强技术与产品开发,科技成果转化,发展电子信息、航空航天等高技术产业,重点攻关前沿科学,实现优势领域重大突破
"十五"计划	实现优势领域和战略关键领域的高技术研究突破,重点攻克信息技术(高性能计算机)、先进制造技术(大规模集成电路)和航空航天技术(飞机制造),建设高速宽带信息网、集成电路等重大高技术工程,在关系国家经济命脉和安全的高技术领域实现自主创新
《国家中长期科学和技术发展规划纲要（2006—2020)》	发挥集中力量办大事的政治优势与市场在资源配置中的基础性作用,保障科技发展。对关系国计民生和战略安全的关键领域与国家竞争力的重大关键共性技术集中力量突破。集中优势力量,力争取得重大专项、前沿技术、重大科学研究计划和基础科学问题的重大突破
"十一五"规划	集中优势力量,超前部署信息、生命、海洋等领域,力争实现重要突破。在影响并带动国家经济安全、技术进步和产业升级的领域启动重大科技专项,研制重大技术装备,实现关键核心技术攻关突破

续表

政策	主要内容
"十一五"科技规划	集中力量组织实施重大专项,统筹部署技术的系统集成与应用。以国家重大战略需求为中心,集中力量,突破重大技术瓶颈,攻克重大关键技术,带动全局发展
"十二五"规划	以经济社会发展重大需求为中心,力争实现新突破(装备制造、信息网络等领域),推进国家重大专项实施。改革科技体制,高效率配置国家科技资源,实现综合集成
"十二五"科技规划	以经济社会发展重大需求为中心,开展关键核心技术攻关,建立和完善政产学研用一体化的新型举国体制,在国家科技重大专项实施中发挥新型举国体制作用
"十三五"规划	强调突破核心技术、部署战略高技术,在重大关键项目上发挥市场经济条件下新型举国体制优势
"十四五"规划	强化国家战略科技力量,健全社会主义市场经济条件下新型举国体制,打好关键核心技术攻坚战,提高创新链整体效能,集中优势资源进行原创性、引领性科技攻关

新中国成立初期,国家经济基础薄弱,科技水平低下,并受到资本主义强国的全面打压和技术封锁,科学技术发展内外交困。在这种"一穷二白"的情况下,党中央和国务院提出"优先保证工业和国防工业的基本建设"的战略目标,制定了"重点发展,迎头赶上"的科学事业发展方针,动员和组织全国科学技术力量对国民经济发展需要的重要科学技术任务开展集中攻关。之后,我国的历次计划、规划、纲要等政策文件都体现出"集中力量办大事"这一"举国组织化科研"的思想,反复强调在"重点领域""重大技术""重大战略需求"等方面实现"关键核心技术突破",并最终在理论研究和应用方面取得了一批具有世界先进水平的创造性成就,可以被视为有组织科研模式的早期实践。

改革开放以来,我国战略方向调整为以经济建设为中心,强调科技为经济建设服务,制定了"科学技术要面向经济建设,经济建设要依靠科学技术"的科技发展战略方针。为落实这一方针,我国紧紧围绕促进科技与经济结合,聚焦制约经济社会发展的重大科学技术问题并集中攻关,发挥政府支持和市场激励的协同作用,推进国家创新体系建设,逐步探索出以国家科研机构和研究型大学为主体的科学研究体系和以企业为主体、市场为导向、产学研融合融通的技术创新体系,并在一些关键领域取得了突破性进展。同时,也应清楚地认识到,改革开放时期某些领域在"造不如买""市场换技术"等思路影响下,一定程度上削弱了"举国组织化科研"的地位,一些关键核心技术攻关存在任务目标缺失、集中程度不够、资源投入分散、初始市场缺乏等问题。事实上,这也是我国在集成电路、航空发动机、生物医药等关键领域长期落后于海外的重要原因。

党的十八大以来,政府和市场促进科技创新的作用得到加强,统筹配置创新资源和创新需求凝练、任务组织实施、成果推广应用的机制更加完善,探索形成了统一领导、需求对接、资源共享的重大科技攻关组织方式。在高速铁路和大飞机的攻关中,原铁道部和中国商飞公司均发挥了设定创新目标及技术发展路径、提供启动资金、选择创新参与主体并调控各参与者之间的合作与竞争的作用,初步探索出面向市场的重大科技产品攻关方式。党的十九届五中全会强调"健全社会主义市场经济条件下新型举国体制",并重申"强化国家战略科技力量""坚持系统观念""全国一盘棋",探索完善国家创新体系和加快建设科技强国的路径。党的二十大报告指出,"教育、科技、人才是全面建设社会主义现代化国家的基础性、战略性支撑"。2022 年教育部印发的《关于加强高校有组织科研推动高水平自立自强的若干意见》指出,高校要充分发挥新型举国体制优势,加强有组织科研,着力提升自主创新能力,更高质量、更大贡献服务国家战略需求。"十四五"期间,国家政策文件中多次出现"有组织科研"相关内容(见表 6-2)。自此,"有组织科研"正式被写入规章制度,学术界及教育界关于有组织科研的讨论和研究日益增多。

表 6-2 "十四五"期间部分国家文件中"有组织科研"的内容

政策名称	主要内容
中华人民共和国国民经济和社会发展第十四个五年规划	推进科研院所、高等院校和企业科研力量优化配置和资源共享。支持发展新型研究型大学、新型研发机构等新型创新主体,推动投入主体多元化、管理制度现代化、运行机制市场化、用人机制灵活化 建立健全符合科学规律的评价体系和激励机制,对基础研究探索实行长周期评价,创造有利于基础研究的良好科研生态
中共中央 国务院印发《知识产权强国建设纲要(2021—2035 年)》	改革国有知识产权归属和权益分配机制,扩大科研机构和高校知识产权处置自主权。建立完善财政资助科研项目形成知识产权的声明制度。推动企业、高校、科研机构健全知识产权管理体系,鼓励高校、科研机构建立专业化知识产权转移转化机构

续表

政策名称	主要内容
教育部印发《关于加强高校有组织科研 推动高水平自立自强的若干意见》	布局建设一批一流国际联合实验室等平台。鼓励支持高校培育、发起国际大科学计划和大科学工程。深入实施"一带一路"科技创新行动计划
科技部、北京市人民政府、国家发展改革委、教育部等 12 部门联合印发了"加快推动北京国际科技创新中心建设的工作方案"	坚持党对国家实验室的统一领导,创新管理体制机制,推动在京国家实验室高质量在轨运行 优化重组在京全国重点实验室。统筹国家实验室、全国重点实验室等资源力量,贯通科研体系,形成跨学科跨领域的创新网络
国务院办公厅关于完善科技成果评价机制的指导意见	坚持尊重科技创新规律。把握科研渐进性和成果阶段性的特点,创新成果评价方式方法,加强中长期评价、后评价和成果回溯,引导科研人员潜心研究、探索创新,推动科技成果价值早发现、早实现

第二节　"有组织科研"的现实意义

百年未有之大变局和世纪疫情交杂在一起,对国家创新体系建设带来巨大挑战。虽然经过长期努力,我国科技创新已实现从全面跟踪到跟跑、并跑、领跑三跑并存的历史性转变,但是关键核心技术受制于人的局面没有得到根本性改变,迫切需要在关键共性技术、前沿引领技术、现代工程技术、颠覆性技术等方面开展集中攻关。大力推行"有组织科研"创新模式是应对国际科技竞争、建设创新型国家的必然要求,也是助力产业高质量发展、推动科研范式改革的现实选择。

一、"有组织科研"是应对国际科技竞争的必然要求

纵观世界强国的发家史,国家的科技水平与整体国家实力往往呈现出齐头并进趋势,只要科技水平不断提升,国际竞争力也会随之增强。自 15 世纪以来,意大利、英国、法国、德国和美国等先后成为世界科学中心(见表 6-3),科学技术进步对国家整体实力的提升具有明显的带动作用。深入分析上述国

家在该时期的科学政策,可以发现"有组织科研"对重大发现和成果的产出起到了重要推动作用。特别是18世纪以来,法国、德国、美国等政府先后成立重大科研平台,推动并发布了大科学计划,以统筹和优化科研资源,推动科学研究和创新的发展。如法国的"光学计划"(Optics Project)、德国的"自然科学研究的统一计划"、美国的"阿波罗登月计划"和"曼哈顿计划"等。这些大科学计划的实施和科研平台的建立,为重大科研任务提供了资金和设备,为科学家和研究机构提供了更好的研究环境和条件,提高了科学研究的质量和效率,推动了国家的科技发展和竞争力提升。

表6.3   不同时期世界科学中心及代表性科技成果

	国家	大致时间	代表性科技成果
世界科学中心	意大利	1540—1610年	提出"日心说",研究速度和加速度、重力和自由落体、惯性、弹丸运动原理等,在天文学、解剖学、力学、数学、博物学等领域取得巨大突破
	英国	1660—1730年	牛顿完成"自然哲学"的统一,提出力学三大定律和万有引力定律;牛顿和德国的莱布尼兹创立了微积分;气体定律(波义耳)、弹性定律(胡克);开辟了力学、化学、生理学等多个现代学科;改良蒸汽机(瓦特)
	法国	1770—1830年	提出波动方程(达朗伯);萨迪·卡诺奠定热力学理论基础;拉普拉斯创立分析概率论;布丰首次提出广泛而具体的进化学说。在热力学、化学、天体力学等领域作出了突出贡献
	德国	1810—1920年	创立有机化学(李比希)、创立细胞学说(施莱登、施旺)、提出量子概念(普朗克)、提出相对论(爱因斯坦)、发现X射线(伦琴)、合成尿素(维勒)、发明内燃机汽车(卡尔·本茨),德国在有机化学、量子力学,以及钢铁、汽车等领域成为世界"领头羊"
	美国	1920年至今	雷达、电视、核武器、互联网、晶体管、超导、红宝石激光器、"阿波罗计划"、解析乙肝病毒、发明世界首台通用微处理器

当前,我国在国际科技竞争中取得了显著的进展,并且在人工智能、5G技术、超级计算机等领域都取得了重要的成就,这与中央政府强有力的政策支持以及长期投入密不可分,如"中国制造2025"、国家自主创新示范区建设等。在国家创新体系建设过程中,也面临着诸多困境和挑战,如关键核心技术受制于西方国家、技术熔断和人才断层日益明显、科技资源和创新要素分配不合理、考核激励和评价机制不完善等。

要解决上述问题,只有通过开展"有组织科研",进一步凝练重大科研目标、集中配置科研资源、组建强有力攻关队伍,不断增强国家战略科技力量,才能应对激烈国际竞争、服务创新发展格局、加快建设世界科技强国。同时,面对国际科技发展趋势,科技创新的加速度现象愈加显著,科研领域的全球性合作更加突出,要求组织不同团队之间开展合作与交流,需要跨国家、跨学科、跨团队合作来解决,以共同应对全球性的挑战。面对科研资源有限性的特点,需要调动社会各方面的智慧和资源,将相对有限的资源用于战略科技力量、基础研究和关键技术的突破上,进而实现从规模效应升级到效率效能效应,以应对当前激烈的国际竞争。

二、"有组织科研"是建设"创新型国家"的迫切需要

2006 年,党中央提出"建设创新型国家"的战略目标,同年发布了《国家中长期科学和技术发展规划纲要(2006—2020 年)》,提出了国家科技创新的总体目标和一系列推进国家创新体系建设的措施。2007 年,国务院发布了《关于加快推进国家创新体系建设若干意见》文件,提出了加快创新体系建设的具体举措。2015 年,中共中央、国务院发布了《关于实施创新驱动发展战略加快建设创新型国家的若干意见》,明确了建设创新型国家的重要性和路径。2016 年,中共中央、国务院印发了《国家创新驱动发展战略纲要》,进一步明确了中国的三大战略目标,即 2020 年进入创新型国家行列,2030 年跻身创新型国家前列,2050 年建成世界科技创新强国。党的二十大报告再次强调,我国到2035 年发展的总体目标是经济实力、科技实力、综合国力大幅跃升,人均国内生产总值迈上新的大台阶,达到中等发达国家水平;实现高水平科技自立自强,进入创新型国家前列。

加快建设创新型国家是我国迈向现代化强国的内在要求,有利于推动我国向内涵式发展转变,形成新的内生发展动力。创新型国家是以技术创新为经济社会发展核心驱动力的国家,应具备以下四个特征:(1)创新投入高,国家的研发投入即 R&D(研究与开发)支出占 GDP 的比例一般在 2% 以上;(2)科技进步贡献率达 70% 以上;(3)自主创新能力强,国家的对外技术依存度指标通常在 30% 以下;(4)创新产出高,是否拥有高效的国家创新体系。创新型国家建设的核心手段是科技创新,其本质是创新发展,通过创新发展推动经济社会发展。而"有组织科研"瞄准国际科技前沿和国家重大需求,以国家战略为导向,以突破重要领域核心技术为目标,推动科技前沿的突破、解决国家重大需求、培养优秀人才队伍、推动科技成果转化和产业发展、提升国际合作与影响力等方面,对于创新型国家建设具有重要的推动作用。

三、"有组织科研"是推动科研范式演进的现实选择

科研组织形式的演化在历史上经历了多个阶段和变化。早期的科学研究主要由个人独立从事,如古代的哲学家、数学家和自然科学家,他们凭借个人的天赋和热情,进行独立的科学探索和发现;在中世纪和文艺复兴时期,学院

体系逐渐兴起,成为科学研究的重要组织形式。学院提供了学术交流和合作的平台,形成了不同学派和学术传统;18 至 19 世纪,科学学会和研究机构逐渐兴起,提供了科学交流、出版和研究资源的平台,成为科学研究的重要组织形式,进而促进了科学知识的传播和创新;近代以来,大学和研究院成为主要的科研组织形式。大学提供了科学研究和教育的综合平台,培养人才和推动学科发展,而研究院则更专注于科学研究,提供了更加专业和深入的研究环境。

但是,当科学研究逐渐超越学科的界限,越来越需要融合不同学科的知识和方法来解决复杂问题,需要通过"有组织科研"来整合科技力量和创新资源。一方面,能源问题、可持续发展、人类生命健康等重大科技问题都是复杂广泛的,要求知识生产主体的多元化、经费来源的多样化,跨学科、跨部门组织力量开展集中攻关显得越来越重要。另一方面,由于科技创新展现出巨大能量,特别是当科技创新能力越来越成为国家核心竞争力的基础、经济社会发展的"发动机",政府和社会也越来越倚重科技创新,也越来越深入地参与到科研的组织过程中来。无论是基础研究还是应用研究,重大研究都是大规模的有组织科研,重大科研成果也是有组织科研的结果。这些重大成果契合国家战略,服务经济社会发展需求,是行政力量规划引导、组织协调多方面攻关的结果。因此,整合积聚研究人员、经费、知识等资源和多方力量以达到整体大于部分之和的有组织研究方式应运而生,并成为一种新的主流的研究范式。

四、"有组织科研"是助力产业创新发展的有效模式

当前,全球产业发展呈现高度全球化、数字化、智能化、知识密集型等多个特点。产业链和价值链在全球范围内高度分工和协作,各国之间形成了紧密的经济联系。跨国公司的兴起和国际贸易的增加,使得产业发展不再局限于单一国家,而是跨越国界、整合全球资源。新一代信息技术的快速发展,如人工智能、物联网、大数据等技术,正在深刻改变产业的生产方式、管理模式和市场营销手段。数字技术的广泛应用,推动了产业的转型和创新。此外,知识密集型产业的兴起,如高新技术产业、创意产业等,推动了产业结构的升级和转型,创新推动和核心知识产权保护,成为国家和企业竞争力的关键因素。在此背景下,大力推进"有组织科研",能够应对全球化、数字化和智能化的挑战,推动产业转型升级和新产业培育,为产业发展提供人才队伍支撑、科研资源供给,提高产业的竞争力和可持续发展能力。

　　"有组织科研"往往突破小团队单打独斗的研发方式,开展集中力量进行系统性、长期性的技术攻关,有助于解决行业关键核心技术"卡脖子"问题和系统集成性关键技术难题。当前,企业尚未成为科技创新主体,大学过多关注基础研究,政府各类科技政策分散发布,导致创新力量不集聚、创新目标不聚焦、创新成果不显著,科技创新对产业发展的直接带动作用还十分有限。"有组织科研"创新模式能够紧密关注市场需求,根据市场变化和竞争情况,调整研究方向和重点,提供切实可行的解决方案,推进产学研合作达成,搭建企业、高校、科研机构等不同主体协同创新的整体,为产业发展提供战略和技术支持。通过"有组织科研"汇聚多元创新主体,以高校科研力量为主,政府政策引导支持,企业直接参与研发,把各个主体的资源整合联动起来,形成基础研究、应用研究、产品研发直至市场推广的全链条创新,实现企业高投入、大学真研究、政府准引导的创新生态。

第三节　战略科创平台"有组织科研"的实施路径

一、"有组织科研"的实施困境

　　国家和地方政府高度重视科技资源配置的优化,强化创新驱动发展战略实施,加强科技创新中心建设,"有组织科研"越来越受到学术界、教育界和科技界的广泛关注。随着相关政策和措施的出台,"有组织科研"的意识得到进一步深入,"有组织"的科研行为和活动日益活跃。当前,高校及传统科研院所作为开展"有组织科研"的主要力量,在科研目标确认、科研力量组织、科研体系完善等方面开展协同攻关。但是,由于长期科研活动中的惯性以及创新主体之间的差异,传统科研院所在科研组织上仍存在一定程度的"有组织无序化"现象,目标不统一、文化不协同、跨学科协作困难、大团队难以组建、评价体系不健全等问题,影响着"有组织科研"的成效。

　　1. 目标不统一

　　长期以来,高校均以鼓励自由探索和开展原创研究作为重要指挥棒,这种开放的研究环境激励着个人和团队进行独立思考和创新。一种常见的工作模式是个人作战的 PI 团队,其中 PI 代表的是首席研究员(Principal Investigator)。在这种模式下,研究者作为项目负责人,领导小团队进行研究工作。这样的团队极大地促进了个人的独立思考和自主研究,为高校研究创造了富有活力和多样性的研究氛围。但 PI 团队的科研组织形式同时也带来了一定问题,由于个人独立性的强调,存在着多个研究团队同时从事相关领域的研究工作,但却没有明确的整体目标和合作规划,进而引发资源重复投入、大成果产出缓慢等问题。例如,在一个材料科学研究院所中,有几个研究团队同时专注于金属材料、陶瓷材料和高分子材料的研究,每个团队都在自己的领域内进行独立的研究,缺乏整体组织和协调,导致资源的浪费和研究成果的重复。

2. 文化不协同

"有组织科研"的跨学科组织特性意味着多个不同主体的存在,其中必然夹杂着主体固有的文化,对于高校和科研院所的科研队伍来说,其文化基点是依托学科而存在,因此带入组织文化以学术文化为主,学术文化注重学术追求、原创性和共享知识的精神,在研究中强调创新和学术合作,并以学术声誉、发表论文数量和学术成果为评价指标。对于产业界的企业来说,企业文化的导向是强调竞争和盈利的市场化取向的产业文化,并根据盈利和市场份额等指标来评估绩效和成果。在政府的角色中,主要目标是促进地区经济发展和产业结构转型,关注整体创新能力的提升和公共利益的实现。政府的文化价值取向更加综合,注重多元利益平衡,在政策制定和资源配置中需考虑社会经济发展的全局。从某种意义上而言,这是一种公共文化,而这种非竞争性、非排他性的文化又与强调原创和竞争的学术文化、产业文化格格不入。

3. 学科壁垒难以打破

有组织科研模式的顺利推行离不开各个学科的协同,然而高校长期各自为政的传统以及学科间的壁垒森严,使得跨学科研究、协同创新流于形式。在推进有组织科研的进程中,部分科研平台以某重点研究领域为主,自守"一亩三分地"的固化思维,没有强大的意愿和开放的心态接受新学科、新主体的进入,极大地阻碍了有组织科研模式的推进之路。这种情况下,跨学科研究和协同创新便较难实现,即使在某个项目中表面上进行了跨学科组织的协同创新研究,然而实际从事的还是单一学科或领域的研究,没有真正融合不同学科的思维和方法,导致了科研成果的局限性,也限制了科学进展的潜力。

4. 团队组建手段缺乏

有组织科研依赖高素质的科研人才团队,大团队的组建通常需要畅通的人员调动渠道和强有力的资源整合能力。而现实情况是,部分高校或科研机构,行政体制和规章制度往往存在僵化和烦琐的问题,需要经过多个层级的审批和决策,组建过程繁杂限制或减缓了大团队的组建过程。例如,科研人才的调动和任职手续过程可能需要经过多个部门的审批和协调,需要较长的时间和程序,这就延长了组建大团队的时间周期。这种繁杂的组建过程往往对科研人才的积极性和热情形成了一定的阻碍。另外,组建大团队所需的资源包括经费、设备和空间等方面的支持。然而,部分高校或科研机构面临经费紧缺和资源有限的问题,无法为大团队科研提供增量的经费支撑以及设备和空间等资源,进一步限制了大团队的组建和科研活动的开展。

5. 评价体系不健全

有组织科研模式的推行离不开科研评价体系的支撑,破除科研评价体系的"五唯"评价导向已成为我国学界的共识。2020年,科技部印发的《关于破除科技评价中"唯论文"不良导向的若干措施(试行)》指出要推动我国高校回归学术初心,净化学术风气,优化学术生态。然而根深蒂固的传统评价方式并非一纸文件就可以彻底扭转,科研评价方式的改革之路仍然任重道远,这是有组织科研不得不面临的一大困境。当前,科研评价体系仍以论文数量和发表刊物级别为核心指标,然而部分具有广泛社会影响力的发明创造、重要的学术突破或者关键的解决方案等,可能需要更长时间的科研过程和深入的探索。现实情况是,在追求短期利益的情况下,科研人员可能更倾向于寻求量化的、快速产出的研究成果,而对于对科学进步有深远意义的重要成果的投入和培育不足。

二、"有组织科研"的应对之策

面对上述困境,如何在复杂性创新需求导向下,将政府、高校、科研机构及其他社会机构联合起来,谋划并推动重大科技创新,推动跨领域、跨学科合作,提高科技资源投入效率,跨越科学、工程、技术之间的鸿沟,成为下一步"有组织科研"急需解决的难题。战略科创平台作为促进社会经济发展、提升国家创新能力、构筑国家核心竞争力的新型创新主体,通过开展跨学科交叉融合、建立大团队科研攻关、建设产业公共服务平台和创新科研体制机制等方式,成为破解当前"有组织科研"困境的有力举措和推动"有组织科研"的重要力量。本章节将聚焦如何依托战略科创平台,从创新平台设计、学术共同体打造、公共服务平台建设、体制机制创新和成果转移转化开展等维度,以浙江大学杭州国际科创中心(以下简称杭州科创中心)、江苏省产业技术研究院、中国科学院苏州纳米所、复旦大学宁波研究院等科创平台为例,系统分析有组织科研开展动力机制和具体路径,为国内外战略科创平台开展有组织科研提供借鉴。

1. 精准化开展科研平台建设

在战略科创平台的"有组织科研"实施过程中,通过精准规划目标任务和分类建设创新平台,可以优化资源配置,提高创新效率,推动科技创新和经济发展的协同推进。不同类型的科研平台,应予以合理的定位,明确自身所扮演的角色和愿景使命。

对于偏向基础技术研究创新平台,应鼓励自由探索和设计长效支持机制。以鹏城实验室为例,作为深圳市重点科技创新平台,该实验室致力于推动基础研究和前沿技术的突破,专注于国家战略目标导向的应用基础研究,采取"院士领衔,双轮驱动"的团队组织模式,鼓励前沿性和创新性的自由探索研究,主要资源投入以政府资助为主。

而对于倾向于产业培育的科创平台,应为其提供良好的政策及赋能环境,以产业需求为导向,并赋予更大的管理自主权。以复旦大学宁波研究院为例,其运行特色为从"企业服务+成果转化"着手,辅以成果转化基金,进而实现自身可持续发展,目前已形成较为完善的创新创业生态体系。研究院先期设置三大研究所,主要定位为复旦大学科研成果转化载体。研究院作为宁波市杭州湾新区的事业单位,下设两家运营载体,全资子公司宁波海帆科技发展有限公司和宁波复旦创新中心有限公司,分别承担研究院经营性资产处置和创新投资、产业孵化等职能。杭州湾新区从政策角度予以大力支持,例如,研究院携手新区建设区内首家国家级孵化器,既承接复旦高校转化的项目,同时也对外引进项目,运营载体面积达到 16 万平方米。通过上述举措,研究院已基本实现独立运行及自我造血。

作为综合型战略科创平台,杭州科创中心按照功能定位,将内设科研载体划分为前沿创新平台(A 类)、技术创新平台(B 类)和产业创新平台(C 类):前沿创新平台(A 类)定位于开展微纳领域战略性、前瞻性、基础性重大科学问题和关键核心技术研究,打造聚集和培养优秀科学家、组织高水平基础研究和应用基础研究和开展高层次学术交流的重要载体;技术创新平台(B 类)定位于实现从科学到技术的转化,打造应对科技革命与产业变革、开展关键技术攻关以及通过成果转化和技术支撑为产业提供源头技术供给的重要科技力量,需在建设创新平台基础上同步成立项目公司,吸引及汇聚高层次人才和团队参与,重点支持解决国家或行业"卡脖子"关键技术攻关;产业创新平台(C 类)

定位于服务龙头企业转型升级,与行业龙头企业共建,以解决产业和企业的生产和技术难题为目标,与龙头企业共建技术联合攻关团队,重点为企业提供按需定制的技术创新服务和整体解决方案。

2. 跨学科打造学术共同体

大科学时代的到来,推动社会进步、科学发展、技术突破、经济增长、文化传承创新等越来越多的以"问题为中心"的形式出现,综合运用多学科、跨学科的知识和方法,把相关的学科结合成一个创新性的科研共同体。在战略科创平台,此类科研共同体一般以单个创新平台来呈现,以解决前沿技术难题、行业共性技术和龙头企业需求为目标,突破学科边界,开展协同创新。

以杭州科创中心为例,中心从国家急迫需要和长远需求出发,加紧布局多学科交叉会聚的战略方向,打造多学科参与的学术共同体,以及科学、技术和产业的创新联合体,形成学科、队伍、平台、项目等要素联动整合的体系格局。面对我国集成电路领域面临"缺芯少核"技术难题,科创中心组建了由电气工程学、化学、材料学、控制学、信息电子学等学科人才组成的跨界创新团队和学术共同体,成功破解第三代半导体材料缺陷问题,建立国内唯一的全链条开放式宽禁带半导体材料、器件及应用创新平台,实现了相关技术和产品的跨越式发展;面向合成生物领域,科创中心集聚了浙江大学生物工程、化学工程、生命科学、计算科学、医学等多学科团队,成立生物与分子智造研究院,并建设生物合成及分子合成高通量自动化科学装置,结合大数据分析与机器学习,重点聚焦合成生物学和分子智造等领域研究,实现关键核心技术重大创新;此外,科创中心还重点布局在量子计算与感知、环境科技创新、精准医学、新物质创制等领域实施了近10个面向未来的跨学科研究计划,构建学术共同体,开展前瞻性、原创性交叉研究,打破学科边界和壁垒,促进复杂科学技术问题的协同攻关,以期产生重大交叉研究成果。

3. 专业化建设公共服务平台

战略科创平台开展有组织科研,须注重建设战略性科创公共服务平台。布局合理的公共服务平台会有力地促进大型科学仪器资源共享,实现科技资源整合、科技资源统筹规划、科技资源的合理配置,提高科学仪器使用效率,优化科技创新环境,提高科技创新能力,进而有效提升有组织科研效能,并同时减少科技基础条件的重复建设与资源的浪费。

一是需注重设备完整性和对行业的支撑性。以杭州科创中心牵头建设的浙江省集成电路创新平台为例,该平台以建成全国唯一的12英寸CMOS集成电路芯片设计与制造成套工艺技术公共创新平台为目标,从创建之初并以打造"技术供给＋验证服务＋中试流片"的技术创新公共服务体系为目标,采用企业化运行模式,以浙江创芯集成电路有限公司(以下简称创芯公司)为运营主体。在行业支撑方面,由我国芯片制造技术领军人才吴汉明院士和芯片设计领军人才严晓浪教授领衔,总建筑面积约 30000 平方米,其中超净面积 5000 平方米,专用设备、检测设备原值近 18.7 亿元。公共服务平台建立以后,不仅表现出显著的产业集聚效应,而且依托该平台成功建设了浙江省技术创新中心、杭州市集成电路概念验证中心、教育部与浙江省共建的"集成电路(制造)人才培养和协同创新产教研融合示范基地",对区域汇聚人才、企业和产业资源起到了赋能作用。

二是需配备专业的技术支撑团队,提供高水平的技术咨询、实验设计、数据分析等支持服务。科研人员可以通过公共服务平台获取专业的技术支持,提高科研的质量和效率。例如,中国科学院苏州纳米所对纳米生化相关设备进行集中管理,设立纳米生化平台,配备实验室空间 6000 余平方米、仪器装备资产总值超 3000 万元,可以支持生物制药、化学制药、细胞治疗、体外诊断、再生医学等多个产业领域的企业开展上游研发、小试生产及产品测试等,并招募专职技术人员约 30 人,能够提供包括临床前药学研究、检测方法开发和验证、生物标识物研究、高通量药物筛选以及定制化抗体和细胞制备在内的多种技术服务,为所内科研队伍和外部企业提供专业化服务。

4. 创造性开展体制机制创新

有组织科研与传统科研组织方式有着显著区别,其组织的复杂度、学科的大跨度、技术路线的不确定性等,都是传统科研组织模式难以比拟的,也就需要破解制约其发展的多方面制度环境难题。战略科创平台应持续推进有组织科研体制创新、制度改革和平台升级,对于那些阻碍有组织科研模式发展的体制因素要进行大胆创新突破。

一是在平台建设之初加强顶层设计,出台适应性政策规定,完善相关法律,从制度层面对政府相关扶持管理办法,知识产权保护、运营以及科技成果培育、转化等影响平台运行和发展的关键环节予以明确,使平台在发展过程中有法可依,有据可循。江苏省产业技术研究院是经江苏省政府 2013 年 12 月批准成立的战略科创平台,是江苏省创新体系的重要组成部分,也是江苏深化科技体制改革的重大突破和试验田。该平台在传统科研院所体制机制的基础上,创造性地提出了"一所两制""合同科研""项目经理""拨投结合"等举措和机制,以"拨投结合"为例,通过"研究机构与运营公司"二合一开展项目设立和运营,以"科研经费拨付＋创投资金投入"相结合的方式,在其成功的情况下,项目投入经费与市场同价转成股权,加速科技项目产业化落地工作。

二是充分发挥主体多样、机制灵活等优势,建立健全权责对等、决策清晰、运行高效的现代化管理机制,并在运行过程中加以改善和升级。政府、高校、企业各发挥所长,在体制机制改革方面贡献各自力量。杭州科创中心实行理事会领导下的主任负责制,在浙江省政府层面设立工作联席会议,明确协调和指导作用,并由区校主要领导担任科创中心理事会理事长,承担协调资源、重大事项决策等职能。设立首席科学家制度,进一步保证科创中心科研方向与战略规划的选择。作为省、市、区、校共建的新型研发机构,科创中心在推动体制机制创新方面具有明显的"快速响应,快速决策"等优势,主要体现在:一是管理权限的独立性。秉承科研为先的管理服务理念,机构法人和科研人员在管理上有足够的独立性和自主权。二是运作模式的创新性。在人员聘用、绩效评价、科研组织等运作机制上,以及学术水平上,与国际紧密接轨,充分借鉴国际先进经验。

5. 有组织推进科技成果转化

推行有组织科研的最终目的是实现有组织科技成果转化,在解决企业技术痛点、国家战略需要的同时,让科研成果在祖国各地落地转化,打造"有组织科研"到"有组织转化"的最优路径,形成一批可复制、可推广的有组织科研模式。

一是应组建专门的科技成果转化队伍,针对不同的学科领域匹配相应的科技成果转化人才,服务于科研人员的产品开发、成果推广、产业孵化等工作。二是应根据国家及省、市、区的科技成果转化政策,建立适应有组织科研的科技成果转化制度、转化路径、激励措施,从本质上破除科技成果转化"不敢转、不会转、不想转"的难题。杭州科创中心坚持教育科技人才一体化部署,加快引育高水平创新创业人才,大力实施有组织科研,构建"前沿研究—技术攻关—产业转化"的全链条创新生态,实现产业链与人才链、创新链、资本链的深度融合,具体推出了如下思路和举措:深化科技成果使用权、处置权和收益权改革,开展赋予科研人员职务科技成果所有权或长期使用权试点;探索实施"专利导航—专利授权—专利许可—专利报奖"全周期成果管理,建立科技成果资产管理制度,引导开展贯穿成果转化全链条、区别一般国有资产的成果管理、资产管理。三是构建科技成果转移转化支撑体系。基于新型研发机构的体制机制,制定"科学公司—拨投联动—基金矩阵—产业人才"四位一体的科技成果转移转化专项支持计划。四是通过依托浙江省推出的"安心屋""网上交易市场"等平台,协同破解职务科技成果转化堵点痛点问题,畅通科技成果转移转化路径,探索建立更加有利于成果转化支持机制。

有组织开展科技成果转移转化,需要战略科创平台有效整合科技成果转化需求端、供给端、服务端的资源,让多方主体、更多资源服务到科技成果转化过程中,解决科研人员埋头苦干、政府资源分配不均、企业需求不够明确等各方主体"单兵作战"的科研信息不协同的现状,让科技成果转化更加高效,让有组织科研真正落地,切实推动我国科研体系的体制机制创新。

第七章　建设高水平人才队伍

战略科创平台要实现战略目标的达成，推动高水平科技自立自强，归根结底要靠高水平的人才队伍。从全球范围看，高水平人才队伍是科技创新活动的"第一资源"，是创新驱动发展的前提保证，也是战略科创平台当前面临的一项最紧迫的任务。本章分析了战略科创平台建设高水平人才队伍的重大意义，立足战略科创平台人才队伍组成体系，着眼于人才引育机制、人才发展通道、人才考评办法、人才保障举措、人才生态环境等人事制度改革创新，探索战略科创平台人才队伍建设的实践路径。

第一节　建设高水平人才队伍的重大意义

创新是对未知领域的艰苦探索，不仅需要追求真理的热忱和强大的内驱力，也离不开一批又一批创新人才的持续发力。战略科创平台以创新驱动发展，着眼于核心技术的引领、集成和成果应用，亟须引育一大批高精尖的科技创新人才，迅速形成高水平人才引进和培育的良性生态体系，从而构建科技创新的优势和主导权。因而，建设高水平人才队伍是战略科创平台实施创新驱动发展战略和人才强国战略的重要体现，是建设区域人才高地、厚植人才沃土的根本要求，也是实现自身可持续发展的重要支撑。

一、实施创新驱动发展战略、人才强国战略的重要体现

纵观人类发展历史，创新一直以来都是推动国家、民族向前发展的重要力量，也是推动整个人类社会向前发展的关键动力。进入新世纪，世界处在新一轮科技革命和产业变革的重大突破关口，劳动力和资源环境等低成本要素优势逐渐消失，新的经济增长点要求各国将科技创新作为增长潜力驱动未来可持续发展。目前，我国经济发展进入增速换挡、结构调整、动力转换的关键时

期。党的十八大明确提出，"科技创新是提高社会生产力和综合国力的战略支撑，必须摆在国家发展全局的核心位置"。党的二十大报告提出，"教育、科技、人才是全面建设社会主义现代化国家的基础性、战略性支撑"[①]，强调要深入实施科教兴国战略、人才强国战略、创新驱动发展战略，坚持走中国特色的自主创新道路。

人才是创新的根基。创新驱动的实质是人才驱动，科技创新的根本在于激发各类创新人才的活力。在2021年中央人才工作会议上，习近平总书记指出，"国家发展靠人才，民族振兴靠人才"[②]。创新事业的不断推进需要大量人才的贡献，同时也需要着力破除制约人才发展的政策壁垒和制度藩篱，不断激发人才创新创业潜力，为系统推进全面创新改革、实现创新驱动发展提供坚强的人才支撑。党的二十大报告强调要"深入实施人才强国战略，坚持科技是第一生产力、人才是第一资源、创新是第一动力"，高水平科技创新人才成为实现民族振兴、赢得国际竞争主动的战略资源。面向全面建设社会主义现代化国家的宏伟目标，加快实现高水平科技自立自强、推动经济社会高质量发展，党和国家各项创新事业发展都对科技人才队伍提出了更高更紧迫的需求。经过多年发展，战略科创平台的人才整体水平已经得到大幅提高，但与世界一流水平相比，在高水平创新人才数量质量，大规模集聚、使用全球高端人才智力，产生具有全球影响力原创性成果等方面仍有差距，需要战略科创平台坚持人才引领发展的战略地位，加快建设一支规模宏大、结构合理、素质优良的高水平科技创新人才队伍，夯实创新发展的人才基础。

二、建设区域人才高地、厚植人才创新沃土的根本要求

建设具有核心竞争力的高水平人才高地是深入推进新时代人才工作、优化我国人才事业布局的重要内容。党的二十大报告提出，要"加快建设世界重要人才中心和创新高地，促进人才区域合理布局和协调发展，着力形成人才国际竞争的比较优势"。人才集聚度一定程度上决定着产业竞争力、城市影响

---

① 中华人民共和国中央人民政府. 习近平: 高举中国特色社会主义伟大旗帜 为全面建设社会主义现代化国家而团结奋斗——在中国共产党第二十次全国代表大会上的报告[EB/OL]. (2022-10-25) [2023-12-10]. https://www.gov.cn/xinwen/2022-10/25/content_5721685.htm.

② 中华人民共和国中央人民政府. 习近平: 深入实施新时代人才强国战略 加快建设世界重要人才中心和创新高地[EB/OL]. (2021-12-15)[2023-11-10]. https://www.gov.cn/xinwen/2021-12/15/content_5660938.htm.

力。客观地看,创新人才通常具有较高的知识水平和专业技能,兼具较高的生产力和效率,能够在经济发展中发挥创新和创造力的作用,在相对较短的时间内推动新技术、新产品和新服务的出现,从而促进经济的转型升级与发展。同时创新人才在特定领域的聚集,能够吸引更多相关投资、企业和机构进入该地区,从而促进产业集群的形成,提高地方经济的竞争力和影响力。近年来,各地纷纷面向全球吹响产业发展升级的号角,加快招引高质量创新创业人才的步伐,吸引优质项目落地、加速推动产业集聚。以京津冀、粤港澳、长三角区域为代表的人才高地,在国家区域协调发展战略的布局下,结合地方实际突出特色优势,依托城市群产生辐射效果,借力城镇化战略格局发挥巨大潜力,人才聚集效应逐渐显现,推动了区域化的人才高地建设。

创新人才发展离不开创新平台支撑,推进人才队伍一体化建设也需要促进区域内创新载体的合作共享。战略科创平台在各区域内的落地生根,正在重塑着地方产业业态和增长动能,并且依托平台自身优势,形成了一定的高端人才规模效应。以政府主导的战略科创平台江苏产业技术研究院(简称"江苏产研院")为例,江苏产研院汇聚研发与产业为主的人才队伍 13000 余人,累计衍生孵化 1100 余家科技型企业,转化 6000 多项科技成果,服务企业累计20000 余家,推动江苏省内各类创新资源的集成,成为推动我国长三角一体化高质量发展的重要引擎。重庆市永川区紧抓成渝地区"双城经济圈"战略机遇,先后牵头组建华为(永川)联合技术创新中心、重庆大数据产业研究院等10 余家成渝地区"创新联盟载体",集聚两院院士在内的高水平科技创新人才800 余名,为地方产业升级提供了强大的技术支持,为区域人才高地的建设打下了坚实的基础。在探索实践过程中,战略科创平台利用制度创新优势,主动融入全球创新网络,汇聚创新要素资源,全面培育创新创业主体,优化空间布局结构,完善产业创新生态,持续强化所在区域的产业协同联动,打造了若干世界级新兴产业集群,为构建国内大循环的中心节点、国内国际双循环的战略链接提供了坚实的人才支撑。

三、实现战略科创平台可持续、高质量发展的重要支撑

2021 年 9 月 27 日,习近平总书记在中央人才工作会议上明确提出要集

中国家优质资源,重点支持建设一批国家实验室和新型研发机构。[①] 战略科创平台是我国科技创新的重要载体,是教育、科技、人才融合发展的生动实践,是实现创新成果孵化、转化和产业化的关键平台,是新技术、新产业、新业态、新模式的策源地,还是实施人才强国战略和创新驱动战略的重要依托。人才队伍是战略科创平台实现蝶变飞跃的关键,具备较高的市场敏感度和洞察力的人才,能够将科技成果与市场需求相结合,从而实现科技成果的商业化,实现平台自我造血的可持续发展。人才是战略科创平台吸引投资的重要因素,投资者通常更愿意投资到拥有高素质人才的战略科创平台,优秀的人才队伍能够增强科创平台的吸引力和竞争力,从而吸引更多的投资和支持。人才是战略科创平台推动成果转化的强大力量,人才带来的先进技术和商业价值,能够推动相关产业的转型升级和新业态的出现,从而促进地方经济的发展。

对于战略科创平台而言,引才聚才不仅需要优越的政策、优质的服务,更需要为高水平人才搭建创新创造的平台、干事创业的舞台,将人才培养作为系统工程长期推进,完善形成人才队伍建设闭环工作系统。通过制定具有吸引力的人才政策,包括优惠的税收政策、科研经费支持、创新创业扶持等,以吸引和留住高水平人才;通过在重大项目历练中提升能力、在重大科研攻关中培养人才等用人机制,激发人才创新潜力;通过制定科学的人才评价标准和使用管理办法,以确保人才能够得到公正的评价和合理的待遇;通过提供优质的服务,包括专业的技术支持、人力资源服务、法律咨询、投融资服务等,以帮助人才更好地开展创新创业活动,发挥人才最大效能。

深圳清华大学研究院作为全国最早的新型研发机构,聚集了创新产业链的人才、载体、技术、资金四大要素,逐步形成了"产学研深度融合的科技创新孵化体系"。目前,深圳清华大学研究院已成立面向战略性新兴产业的130多个实验室和研发中心,引进培育重大科研项目团队,依托自有创新基地累计孵化企业3000多家,培养上市公司30多家,实现研究院整体自我造血、有效循环的发展路径。先后创立北美(硅谷)、英国、俄罗斯、德国、以色列、美东(波士顿)、日本等七个海外中心,引进海外人才和高水平科技项目。成立力合学院,提供优质人才服务,培训高素质经营管理人才和技术人才,建立科技经营管理与技术人才库,为企业提供人力资源支撑,累计培养科学技术学员40000多

---

① 中华人民共和国中央人民政府.习近平出席中央人才工作会议并发表重要讲话[EB/OL].(2021-09-28)[2023-12-10].https://www.gov.cn/xinwen/2021/11/28/content_5653888.htm.

人，成为平台及地区发展的"人才蓄水池"。

第二节　建设高水平人才队伍的体系组成

战略科创平台是国家科技创新体系的重要组成部分，而高水平人才队伍是平台发展的核心力量。无论是高水平的科研攻坚人才，还是支撑基础研究和产业应用的辅助人员，都是战略科创平台建设所依赖的"源头活水"。经过多年的发展与深耕，战略科创平台人才队伍总体呈现多层次、多元化、多样化的结构特征，具体表现为：人才层次多样，既有引领平台发展的战略科学家，又有支撑平台长远发展的产业人才、青年人才、博士后，以及优秀技术工程师、管理服务人员等支撑高水平科技创新的人才队伍；人才构成多元，既有建设战略科创平台所需的全职人才队伍，又有不求所有、但求所用的柔性引才队伍，专兼结合、优势互补，形成聚才引智新模式；人才来源多样，既有本土优秀人才，又有从海外高校、研究机构等引进国际化人才，逐年加大海外人才引进力度，为地方产业升级和发展带来国际视野和发展方向。

一、推进组织创新，打造混合多元的人才队伍体系

据科学技术部火炬高技术产业开发中心 2023 年发布的《2022 年新型研发机构发展报告》，目前我国新型研发机构总体从业人员数量已达 22.2 万人，同比增长 6.8%。其中，研发人员规模大且素质较高，R&D 人员总数达 14.3 万人，占整体从业人员的 64.6%；拥有博士学位的研发人员占比 17.4%，硕士学历人员占比 26.8%，拥有高级职称的人员占比为 18.9%。表明我国战略科创平台已普遍具备较好的人力资源条件和发展基础。

从人员层级看，战略科创平台经过多年的发展，多数已建立起"老中青"相结合的多层次人才队伍，初步形成了完整的人才队伍体系。据统计，近 35% 的战略科创平台拥有两院院士、长江学者等行业领军人才，承担战略科创平台的方向领导、技术攻关等关键任务，是战略科创平台的"掌舵人"。同时，战略科创平台全力支持青年科技人才"挑大梁、当主角"，在引进、培育等阶段提供各类人才的招引扶持政策。以浙江大学杭州国际科创中心（简称"杭州科创中心"）为例，依托顶尖人才助力计划、攻坚人才提升计划、青年人才卓越计划、产业人才星链计划、博士后菁英计划等人才计划，形成了由两院院士、诺贝尔奖

获得者等首席科学家领衔,长江、杰青等科技领军人才担纲,青年人才、博士后和优秀工程师为主力的高端创新人才队伍,研发人员规模达 500 余人。

从人事关系和人员性质看,建设一支专兼结合的多元化人才队伍,正在成为战略科创平台的共同选择,其凭借灵活创新的组织形式,在高层次人才引进上实现了独特的优势。据统计,2021 年我国有 54.85%(1323 家)的新型研发机构采用了柔性引用用人机制,通过外聘研发人员形式吸纳机构外部人才共同参与研发活动,打破地域、事业单位编制限制,探索建立"人才飞地"。以北京量子信息科学研究院为例,通过"兼聘兼薪""全时全薪"等新机制,尝试在不改变兼聘人才所属单位编制身份的前提下,与共建单位、海内外高水平院校开展人才共享,形成人才的良性流动。杭州科创中心充分响应浙江省"通过全职聘用、'双聘双挂'、合作研究等多种形式集聚全球顶尖人才、科技领军人才和青年人才"政策精神,积极通过"双聘"机制从浙江大学的优秀师资队伍中聘用专业人才,占人才总体数量近五分之一,实现人才双向流通、多形式使用。

从人员来源看,在当今全球化日趋深入的情况下,站在世界科技前沿和产业高端的海外高层次人才成为我国参与国际竞争、实现经济社会全面协调可持续发展的特需资源。截至 2020 年年底,我国拥有留学归国研发人员和外籍常驻研发人员的战略科创平台共 991 家,占新型研发机构总量的 46.31%。以中国科学院深圳先进技术研究院(简称"深圳先进院")为例,借助港澳地区专家教授的全球人脉资源和人才评价能力,实施全球招聘,确保 65% 以上的博士学位员工从海外引进,形成以海外人才为主的人才构成格局,确保学术方向的前瞻性,为地方产业升级和发展带来国际视野和发展角度。

二、加大引才力度,培育引领发展的战略科学家

2021 年,习近平总书记在中央人才工作会议上指出,要大力培养使用战略科学家[①]。2022 年 4 月 29 日,中共中央政治局召开会议审议《国家"十四五"期间人才发展规划》,再次强调要大力培养使用战略科学家,打造大批一流科技领军人才和创新团队[②]。战略科学家,是一批具有深厚科学素养、长期奋

---

① 中华人民共和国中央人民政府. 习近平:深入实施新时代人才强国战略 加快建设世界重要人才中心和创新高地[EB/OL]. (2021-12-15)[2023-11-10]. https://www.gov.cn/xinwen/2021/12/15/content_5660938.htm.

② 人民网. 分析研究当前经济形势和经济工作 审议《国家"十四五"期间人才发展规划》[EB/OL]. (2022-04-30)[2023-10-31]. http://cpc.people.com.cn/n1/2022/0430/c64387-32412511.html.

战在科研第一线，视野开阔，前瞻性判断力、跨学科理解能力、大兵团作战组织领导能力强的科学家。他们站在国际科技前沿，引领科技自主创新、承担国家战略科技任务，是支撑我国高水平科技自立自强的重要力量。在战略科创平台，他们承担着谋篇布局，为重要科技方向领航掌舵的责任。

　　培育战略科学家是战略科创平台高水平人才队伍建设的重中之重。战略科创平台的战略科学家通常包括首席科学家、科技领军人才等高层次人才。以杭州科创中心为例，首席科学家一般为中国科学院和工程院院士、发达国家院士、诺贝尔奖获得者、国际著名大奖获得者或相当水平的海内外顶尖学者，在领域内取得系统性、创造性成就，作出重大贡献，具有广泛的国际学术影响力，能引领平台未来发展方向和创新平台建设，负责为平台做好顶层设计和方向引领，提出战略性、前瞻性、创造性的研究构想；科技领军人才则是战略科创平台的学术或技术领军人，围绕平台目标，开展有组织科研，带领团队从事高水平科学研究和技术攻关工作，解决"卡脖子"关键核心技术难题，取得领域内标志性成果，引领学科发展和技术进步，扩大国际交流与合作，提升国内外影响力。而深圳先进院在引进高层次基础研究及技术攻坚的战略科学家队伍方面进行了重点发力。仅在 2021 年，深圳先进院新增 6 名院士，31 人入选全球前 2% 顶尖科学家榜，其中中国科学院深圳理工大学首批学院院长及系主任全部上榜。

　　战略科创平台能否高效组织跨学科研究，取决于能否充分发挥战略科学家及科技领军人才的作用。首席科学家负责制是以院士级科学家为核心构架学术体系和科研组织制度，是促使战略科学家充分发挥顶尖人才汇聚效应的重要科研组织形式。首席科学家负责制充分发挥了行业顶尖人才的领衔效应，以最快的速度、最优的构架和最高的质量完成了领域方向规划、学术体系构建、公共平台建设和人才团队集聚，通常在平台创建初期可以取得非常好的效果。同时，随着科技创新的复杂性比过去大幅提升，探索新的科技知识需要投入得更多，由院士负责制带来的资源整合更有利于开展大兵团作战，从而实现大科学计划的有组织科研。鹏城实验室作为中央批准成立的突破型、引领型、平台型一体化的网络通信领域新型科研机构，在成立之初搭建了以高文院士、刘韵洁院士和方滨兴院士为"方向责任院士"，引领人工智能、网络通信和网络空间安全三大方向发展的科研组织体系构架，目前已汇集近 2000 名科研人才，其中获得杰青、长江、IEEE 和 ACM Fellow 等称号的高端人才有 200 余位。同时，战略科创平台应该发挥紧密连接地方需求的优势，健全"创新＋创业"的产学研深度融合新模式,允许并服务好具备高科学素养和战略思维的复合型人才以两种不同角色同时在高校院所和高科技企业从事科技创新和产业转化实践,以战略型人才为纽带,实现企业和高校、科研院所深度融合。

三、用好攻坚力量,培养科技创新的青年人才

青年人才是国家战略人才力量的源头活水,是最有创新激情和创新能力的科研人才群体。科学史表明,科学家在 25~45 岁时最富有创造力和创新精神,根据对 435 位诺贝尔自然科学奖获得者公开数据的计算,获奖成果产生时年龄在 45 岁和 45 岁以下的有 354 人,超过总人数的 81%。习近平总书记在中央人才会议上指出,"要把培育国家战略人才力量的政策中心放在青年科技人才上,给予青年人才更多的信任、更好的帮助、更有力的支持,支持青年人才挑大梁、当主角"[①]。加快培养和造就一大批青年科技人才,是推动经济社会高质量发展、实现高水平科技自立自强、赢得人才国际竞争比较优势的战略之举、固本之基、长远之策。2023 年,中共中央办公厅、国务院办公厅印发《关于进一步加强青年科技人才培养和使用的若干措施》,对于使用和培养青年科技人才提出了明确的要求,这些指导意见和工作要求为战略科创平台的青年科技人才培养指明了方向。

青年科技人才通常包括青年人才、博士后及其他优秀工程技术人员等,年龄一般在 45 周岁以下,是战略科创平台的骨干科研和技术推广的新生力量。围绕平台发展方向和科研团队目标任务,开展高水平的基础研究、实践问题研究、创新技术研发、关键技术攻关及产业化,产出一批高质量、有重大影响力的创新成果。如何引进来、培育好一批科研新生力量,是战略科创平台实现可持续发展的关键。以中国科学院宁波材料技术与工程研究所(简称"宁波材料所")为例,宁波材料所制定青年科技人才全周期培养支持计划,从博士后到顶尖科学家设计五档人员梯队,构建了"近中远"三层级人才引进培养体系,为博士后、青年人才设置了 5 年的培养计划,大约 80% 的出站博士后留下进入下一阶段的人才队伍,成为承担重要科研任务的青年骨干人才。杭州科创中心坚持引育并举,提出"青年人才卓越计划",为青年人才发挥作用、施展才华搭

---

① 中华人民共和国中央人民政府. 习近平:深入实施新时代人才强国战略 加快建设世界重要人才中心和创新高地[EB/OL].(2021-12-15)[2023-11-10]. https://www.gov.cn/xinwen/2021/12/15/content_5660938.htm.

建更加广阔的平台。通过职称评审"直通车"，培育青年人才实现跃升；通过人才项目优势资源倾斜、激励创新创业项目成果转化等，充分激发年轻队伍的活力；通过高水平职业（合作）导师配备、科技人才经验分享培训，促进资深学者与青年人才之间的经验交流与针对性指导，实现"传帮带"效应；通过组织青年人才联谊会、博士后俱乐部等，搭建跨学科交流平台，促进青年人才之间的交流合作。

博士后作为青年科技人才的重要培养对象，是蓬勃发展的新生主力军，也是开展重大任务攻关时不可或缺的关键力量。近年来，战略科创平台将博士后工作作为人才队伍建设的突破口，不断加强博士后工作平台建设和博士后人才招引，依托当地一流大学和科研院所共建博士后工作站。中国科学院深圳先进院/深圳理工大学积极开展博士后队伍建设，与中国科学院华南植物园、中国科学院西安光机所、广东工业大学在生物、光机电和材料学科方面签署联合培养协议，开展共同招收博士后工作。鹏城实验室为吸引特别优秀的青年人才，设立待遇从优的"鹏城博士后"，鼓励博士后潜心研究，在站期限最长可达 6 年，其间可出境开展最长 1 年期的科研合作，通过灵活的博士后制度吸引海内外优秀博士加盟。杭州科创中心积极实施"博士后菁英计划"，通过"海外优青""博新计划"等政策抓手，积极引进海内外高水平博士人才。鼓励支持博士后队伍开展原始创新、技术攻关、成果转化，打造一支擅长产学研技术攻关，能够更好地支撑有组织科研、服务战略性产业培育的高水平专业技术队伍。

此外，战略科创平台还承担着各类后备青年人才的培养任务，尤其是高校院所主导型战略科创平台，更是科创人才培养的主战场，如中国科学院深圳先进院成功构建了"研学产资"四位一体的微创新体系，累计培养学生（含国际留学生）已超过 9000 人，培养的毕业生获产业界特别在珠三角高新技术企业如华为、百度、腾讯、阿里巴巴等和学术界认可。深圳先进院还与比亚迪、富士康、商汤科技、大疆创新等 60 余家企业建立了联合培养模式，推动产学研用紧密结合，累计招收 270 余人，实现了创新与培养双促进的良性循环。政府主导型战略科创平台对人才培养也作出了积极贡献，如江苏省产业技术研究院（下简称江苏产研院）在对接高校学科资源，整合专业高校院所、企业联创中心、产业园区共同打造完成集萃研究生培养体系等方面取得较好成效。江苏产研院首创了集萃研究生模式，3 年内在江苏省内成立了 3 家"集萃学院"，分别是西浦—集萃学院、中国矿业大学集萃学院和南京工业大学集萃学院，致力于培养适应和引领现代产业发展的应用型、复合型、创新型人才。通过明确培养流程及各方职责,探索支持校企院所联合创新项目,提出覆盖各方的引导激励机制等举措,进行了构建人才培育生态的有益探索。除了通过校内外双导师、理论实践双平台来联合培养集萃研究生,许多合作高校还已将集萃研究生纳入招生计划。目前,江苏产研院与国际知名高校开展集萃博士(后)联合培养,已累计培养 71 名;与国内知名高校开展集萃研究生联合培养,已累计培养 1600 余名,充分发挥了战略科创平台在后备人才培养方面的作用。

四、面向经济战场,壮大市场需求的产业人才

人才是产业发展的主要根基和源泉,只有实现产业链与人才的动态匹配,才能提升区域发展的竞争力。产业人才通常围绕地区和平台产业生态体系建设,为科技成果转移转化及产业化提供技术扩散、产品开发、市场推广、产业孵化等专业服务,是一支懂专业、会经营、善开拓的高水平人才队伍。

战略科创平台围绕重点领域和关键核心技术研发需求,强化人才订单式培养,打通青年科技人才供需堵点和难点,促进教育链、人才链与产业链、创新链有效衔接。作为江苏科技体制改革"试验田",江苏产研院定位于科学到技术转化的关键环节,着力打通科技成果向现实生产力转化的通道,在汇聚研发与产业为主的优势人才队伍等方面取得了一定成效:产业领军人才 200 余人,研发骨干人才 500 余人,产业基础人才 11600 余人(其中,博士及博士后研究人员 1600 余人,工程硕士 10000 余人)。在此基础上,成功构建了天才科学家、项目经理、集萃研究员和集萃研究生共同组成的人才引进、培养、激励与发展的生态,打造了以知名科学家为领军、高层次人才为骨干、创新实践人才为主体的产业创新人才队伍。同时实行项目经理制,赋予项目经理组建研发团队、决定技术路线、支配使用经费的充分自主权,吸引和遴选一批既懂科研技术,又具备团队组织能力的海内外领军人才,共同筹建研究所 30 余家、组织实施产业重大技术创新项目 40 余项。以华为研究院为代表的企业主导型战略科创平台也进行了系统性的高端人才队伍建设。华为研究院依托深圳总部的中央研究院、分布国内多地的 8 家研究所,以及德国、瑞典、俄罗斯、印度等地的 8 家海外研究所,实现了规模化、流程化的高层次人才吸纳。其中央研究院更是成为华为高端技术人才、产业分析人才的聚合地。2019 年 4 月,华为公开宣布成立战略研究院,重点引进高新技术人才;同年 6 月,任正非发起了"天才少年"项目,利用顶级薪酬来招揽顶尖人才。

战略科创平台亦凭借紧邻区域产业的先天优势,精准对接人才和企业需求,通过"项目收益分红""股权奖励、股票期权"等体现知识、技术创新要素价值的人才激励机制,激发产业人才"内驱力",进一步释放人才活力,促进建设以市场为导向的新型产学研科技创新平台。如中国科学院计算技术研究所洛阳分所(简称"洛阳中科产研院")通过实施股权激励,激发了科研人员的创业热情。在引进和孵化团队的过程中,洛阳中科产研院实施了股权激励制度,摒弃技术入股,只允许以现金出资的方式绝对控股所孵化的企业,占股比例达80％以上,让创业人员在承担创业压力的同时,充分享受创业收益,激发创新创业活力。杭州科创中心作为高校主导型战略科创平台,承担高校与区域产业之间的桥梁作用,搭建起完善的产学研生态,成为产业人才蓄水池。科创中心与传化集团、舜宇光学科技(集团)有限公司等区域行业龙头企业成立企业创新研究院,围绕行业急需,以企业发展需求为题,联合培养领域工程型、创新型领军人才,推动产学研纵深发展。在人才队伍管理方面,为打通科技成果转化"最后一公里",单独设置技术经理人、产业高级工程师、科创合伙人等产业人才序列,推进人才链、创新链与产业链深度融合。

上述科创平台均通过有效协调产业、市场、研发和教学之间的关系,实现科技成果、人才培养和产业链升级的有机结合。发挥高层次人才战略科学家的引领作用,瞄准世界科技最前沿和国家重大发展战略,组织各类高层次科学家、青年科技人才用前瞻性技术开辟应用需求,进而发挥需求对市场的引领作用、市场对创新资源的配置作用,推动科技重大变革,进一步反哺后备产业人才力量。

第三节　建设高水平人才队伍的主要举措

为进一步壮大战略科创平台人才队伍,快速聚集各类创新人才,促进创新人才持续健康成长,扎实推进创新人才服务全周期管理,战略科创平台重点可从打造高效人才引育机制、畅通人才发展通道、健全考评激励机制、加强服务保障和营造良好生态环境五个方面着手开展工作。

一、健全人才引育机制

战略科创平台应建立以需求为导向的人才引育机制,制定更加积极、更加开放、更加有效的人才引进政策,吸引更多的人才加盟。要充分利用荣誉教职、冠名教授、特聘专家、攻坚人才、双聘学者和绿色通道评审等方式,通过政策引才、中介引才、平台引才、网络引才、以才引才等方式拓宽人才招引渠道,形成较为完善的人才引进政策工具箱,打造较为全面的人才引进网络。

一是以国家、省、市、区级海外高层次人才引进计划等重点人才工程为抓手,积极联动属地人才办等职能部门,发挥战略科创平台体制机制优势,充分利用好属地引才政策,加大各类人才的招引力度。如浙江省于 2020 年正式启动实施顶尖人才"鲲鹏行动"计划,力争未来 5 年在数字经济、生命健康、新材料等领域集聚 100 位左右具有全球影响力的"灵魂人物"。不唯帽子、不唯资历、灵活评审,全面改革支持激励机制,通过设立"鲲鹏基金",提供更大力度支持。二是加强同猎聘公司的专业合作,根据平台需求和特点,采用定制化的人才推荐服务,快速定位目标人才,拓宽人才库资源挖掘广度,提高人才匹配度招聘效率。如浙江、山东、四川、湖北等省份成立了省级人才集团,以服务地方高端人才引聚为核心业务,通过"数字化"驱动、"资本化"发展,构建省域人才发展工作新格局。三是利用好政府、学校、企业的人才资源,充分发挥关联高校校友会与属地海外人才驿站作用,开拓人脉和人才资源,促进双向沟通交流,为有意加入的各类创新创业人才提供咨询和推介等服务。如之江实验室紧抓疫情形势下海外人才回流的机遇,积极开拓海外人才资源,充分利用积累的科研合作基础,与一批国际顶尖高校、研究机构和学会组织建立人才推介合作,通过建立海外引才联络点,建设海外引才基地,举办国际学术会议等推进精准引才。四是拓宽公众号、直播论坛、期刊等多方位宣传渠道,开展有节奏的广告位推广,开展引才直播,组织青年人才学术论坛,组织有影响力的标杆引才活动。如深圳湾实验室在疫情防控期间,创新线上引才新模式,先后开展青年科学家云论坛、国际青年学者云论坛等大型活动,锚定海内外优秀人才池。五是发挥前期引进人才的示范效应,通过源源不断引进人才,产生"滚雪球"效应,发挥已引进人才的学术、技术关系优势,实现引进一个、吸引一批。如杭州科创中心积极在中心内部征集"引才大使""引才顾问",为成功引荐人才的"大使"发放引才荐贤奖励。

战略科创平台要深入实施人才培育工程,完善多元化的资源投入机制,在人才项目申报、人才团队组建、资源保障方面为人才快速成长创造条件。要紧密对接国家和省级各类重大人才计划,有组织地申报人才项目,优化高层次人才培育对象和举措,持续提升优秀青年人才、领军人才、顶尖人才次第而进的成才率,有意识有组织地培养后备人才。要强化学术带头人的育才责任,在关键核心和重点领域实施领军人才团队建设专项计划,打造一批以战略科学家和高层次人才为核心、具备尖端优势能力的创新团队和平台,在资源配置、评价机制及人才项目基地结合等方面给予政策支持。要建立常态化联系青年科技人才机制,落实培育造就拔尖创新人才的主体责任,制定完善青年科技人才培养计划,通过配备职业导师等手段,为青年科技人才加快成长和更好发挥作用创造良好条件。要根据实际需要、使用绩效、财政状况,逐步扩大基本科研业务费对青年科技人才的资助规模,完善并落实以绩效评价结果为主要依据的动态分配机制,引导青年科技人才聚焦国家战略需求,开展前沿科学问题研究。要营造学科交叉的氛围与环境,通过组建交叉研究中心、跨学科跨中心组建项目团队、促进跨领域学术交流等形式,提升创新人才在交叉领域孕育重大科学突破的可能性。之江实验室为推动学科实质性交叉融合,构建"矩阵式"科研组织架构,鼓励下设研究中心以"专业技术组"和"项目组"两个维度组建科研队伍,重大任务可跨研究中心组建科研团队,促进人力资源高效、灵活配置。

二、畅通人才发展通道

战略科创平台应在拓展各层次引进人才晋升通道、打通产教研系统人才流转方式等方面下足功夫,消除引进人才在环境适应、后续发展等方面的后顾之忧,积极发挥战略科创平台作为人才"蓄水池"的重要职能。要根据工作性质和聘用方式的不同进行分类管理,设置管理、科研、专职技术等一系列职级通道。管理系列适用于行政部门和下设研究机构管理人员,负责履行综合管理以及内部管理等职责;科研系列适用于科研人员,负责基础研究攻坚和成果转化;专业技术系列适用于科研支撑人员,负责科研辅助工作,如辅助开展基础研究、实验室日常管理等。

战略科创平台要完善引进人才的流转机制,为地方高校、企业、科研机构的人才培养和产业发展提供人才储备,助力区域性的"人才生态圈"建设。要联合企业、高校、科研机构等开展培养人才,鼓励通过企业长期派驻、短期项目、"轮岗"交流等方式,促进跨领域、跨场景的岗位交流合作,为人才提供更多的发展机会和平台。以杭州科创中心为例,一方面积极探索与浙江大学共建的人才立交桥工程,对杭州科创中心青年人才中科研业绩突出、符合浙江大学人才标准的优秀青年人才,推荐进入浙江大学任长聘教职。这种合作模式不仅拓宽了人才的晋升通道,也为学校提供了更多优秀的教师人选。此外,战略科创平台作为开放式创新平台,应充分引导外部参与和合作,鼓励科技人才尝试创新创业,为之配备高水平孵化器等职业化的专业孵化服务队伍,通过创业来激发创新,吸引更多社会资本、产业资金、外部人才的加入,共同推动平台科技成果产业化,促进产业链上下游协同创新。

战略科创平台要不断完善人才发展机制,为人才创造更多向上晋升机会。针对各类人才系列设置灵活的职业发展路径,分类设置发展方向和进阶岗位,使岗位、聘任条件、目标任务三者保持一致。要打造职级通道多样化、职业路径灵活化、晋升标准客观化、流动机制较健全的职级晋升制度,在管理系列实施职级内部评定管理,在科研系列实施职称内部评定管理,并致力于与外部科研机构职称互认,在专业技术系列探索建立名誉序列,结合年度功勋奖,提升归属感和认可度。如杭州科创中心按规定开展自然科学研究系列专业技术高级职称自主评聘试点工作,完成自主评聘体系从 0 到 1 的体系搭建发布相关管理办法,建立健全专业技术人才职称评聘体系。拟定发布的职称评审绿色通道机制,推动入选相应层级人才计划、获得重大科研突破、海外高层次优秀人才引进等与高级职称评审挂钩,进一步畅通高级职称申报渠道,促进多元化评聘机制建立。

三、完善人才考评机制

党的二十大报告强调,要深化科技体制改革,深化科技评价改革,提升国家创新体系整体效能。不同于高校、事业单位、研究院所等传统管理机构,战略科创平台在投资主体、管理制度、运行机制、用人机制等方面高度市场化,应遵循科研活动规律、市场发展规律、人才成长规律,主动破除体制机制障碍,建立和完善人才评价机制,探索构建多元化的绩效考核体系。如杭州科创中心实施 OKR(Objectives and Key Results)+KPI(Key Performance Indicators)的考核方式,以业绩为导向,坚持"能者上、庸者下、劣者汰"的用人方式,重点评价专业技术人才的工作成效和实际贡献,最大限度释放和激发专业技术人才创新创造创业活力。其中,OKR 是一种沟通、目标管理的工具,其优点在于能够聚焦目标、促进沟通协作、有利于信息的传递、激发员工的工作激情、能够及时应对外部环境的变化;KPI 是一种绩效管理方法,也是一种目标管理的工具,其优点为便于操作,导向性较强,对员工能起到直接的激励作用,能有效地分解公司的战略目标并实施。在具体实施过程中,对战略领军人才考核以

OKR 为主,以此评判检验目标完成情况以及目标及关键成果的设置是否合理,为后续 OKR 的设定和执行提供经验。对一线科研人才可以以 KPI 为主,将组织目标和个人业绩紧密绑定,强化有组织的科研模式。同时坚持"谁用谁评"的原则,实行负责人对其内部人员进行考核评价的模式,发挥内设部门或项目的主体作用。根据岗位设置不同,对各类型人员确立分类评价标准,对从事探索性研究的科研人员,主要考核其学术研究水平,如论文发表、纵向基金申报等;对从事成果转移转化的科研人员,主要考核其对产业端的实际贡献,如专利申请授权转让、企业横向项目合作、公司融资等;对从事支撑保障的管理服务人员,主要评价其工作绩效、工作态度等。

战略科创平台要实施以增加知识价值为导向的分配政策,建立科学合理的薪酬绩效体系。要设置灵活的薪酬组成,包括基本工资、奖金和知识产权收益等多个部分,将协议年薪调整为激励性更强的浮动薪酬,将绩效考核与绩效奖金额度调整为正相关,根据考核结果的优劣,决定年终奖的额度,将知识产权的收益与科研人员的薪酬紧密相连,激发科研人员的积极性和创造性。以中国科学院深圳先研院为例,实行全员聘任制,按照定量与定性相结合、公开述职与集体评议相结合的考评方式,年终 5％实行末位淘汰,主动把自己变成市场竞争的主体,确保人才队伍活力。坚持绩效导向鲜明,实行"基本工资＋岗位津贴＋绩效奖励"的三元结构工资制,通过侧重产业化指标评价,引导科研/管理人才流动到产业化岗位,鼓励创新人才将注意力集中到产业化过程中的困难环节,加速科技成果的产业化转移。同时,战略科创平台应制定明确的知识产权价值评估标准,根据知识产权的价值评估结果,建立相应的知识产权成果的奖励制度。鼓励科研人员以无形资产持股等方式参与原创成果的转移转化,允许管理层、科研人员、成果转化人才在公司持股,优化利益分配机制,推动科技成果加快向现实生产力转化,提高战略科创平台的核心竞争力,带来更多的经济效益和社会效益。

值得注意的是,当与市场高度结合实行以成果为价值导向的强绩效考核模式与淘汰机制时,势必会带来较高的人员流动率和人才内部竞争,对人力资源管理服务队伍和科研人员自身素质能力都提出了更高的要求。战略科创平台应用发展的眼光看问题,根据不同的发展阶段,定期评估并动态调整人才管理制度,以实现灵活、合理、自主的考评体系。

四、强化人才服务保障

如何用好人才是人才工作中的重要环节,但是想要最大化地发挥人才效用,还需要实实在在、用心用力用情地做好人才关爱服务工作,提供"下沉式"服务,实现服务资源与人才需求的"零距离",把服务做到人才心坎上、送到人才最需处,打造"近者悦、远者来、居者安"的人才服务优质生态。战略科创平台要加强同属地的沟通协调,充分利用好各类资源,及时协助人才解决子女入学、安居落户、医疗保障、人才补贴申领等问题。

战略科创平台要提升与属地的全面合作,利用地方的各种资源,推动解决人才在医疗、养老、住房、配偶就业上的"关键小事",增强人才的归属感和幸福感。对于人才"安家落户"的关键问题,要全力保障人才子女入学,向属地政府积极争取专项子女教育政策,就近就便安排相应的幼儿园、小学、初中,以解决人才子女入托入学问题。要全力推动人才安居成家,针对关键领域重要人才优先安排各级各类人才房,或主动提供工作地点就近房源、提升住房补贴力度。除了满足人才的物质服务需求,战略科创平台还应完善各类人才关心关爱工作,创造良好的工作生活氛围。成立人才联谊会、博士后俱乐部等组织,开展各类活动,搭建学术交流平台,增强青年人才队伍凝聚力,丰富人才业余生活。保障青年科技人才休息休假,定期组织医疗体检、心理咨询活动,探索建立学术休假制度,营造宽松和谐的科研文化环境。

战略科创平台要建立人才服务流程清单,通过建立服务流程清单可以将各项服务流程化、规范化、标准化,使得服务提供更加高效、精准、便捷。要配齐、配强人才管理服务人员,打造一支稳定、专业、高效的人才工作队伍,全力提升人才服务保障水平。加强对人才管理服务人员的培训和管理,提高专业素养和工作能力,以更好地服务于人才和平台发展。可以推出"科研一站式服务站",避免在流程申请、表格填报、科研经费报销等方面层层加码,从而把科技人才从材料、经费报销审计中解放出来,不断提升信息化服务水平,提高办事效率,让科技人才把更多精力用在搞科研、干正事上,为人才提供一个安心舒适的工作环境,激发人才发展内生动力。

五、涵养人才生态环境

水积而鱼聚,木茂而鸟集。战略科创平台应以更加积极、更加开放、更加有效的态度打造人才集聚高地,营造尊才、爱才、惜才、敬才氛围,涵养"近悦远来"的人才生态。要根据实际定位和发展目标,制定面向未来的组织使命与愿景,通过组织精神的"磁场"吸引,聚集并发展符合平台"气质"的优秀人才。

　　战略科创平台使命愿景是组织的灵魂所在,也是存在和发展的根本动力。科创平台的使命和愿景的确定,需要充分考虑内部条件和外部环境,既要具有可行性,又要具有前瞻性和吸引力,才能引导各类人才向一个发展方向目标共同努力。要坚定"以人为本"的人才观,科学谋划人才规划,持续优化人才配置,打造人才发展最优生态,不断释放人才"虹吸效应"。要营造适宜人才生存发展、创新创造的良好文化氛围,通过培训、宣传、活动等各种渠道和方式,向人才持续传递平台价值观念和行为规范,引导人才树立正确的职业观念和工作态度,促进人才的归属感和忠诚度,增强员工的凝聚力和向心力。

　　战略科创平台要充分发挥"桥梁"作用,积极与区域企业、高校搭建人才交流平台,深化产学研协同创新,实现资源共享、优势互补和协同发展,营造良好的区域人才生态,推动科技创新和经济社会共同进步。战略科创平台要与企业、高校共同建立人才库,共享人才资源,定期举办学术沙龙、成果分享会、人才交流活动及人才招聘会等,促进人才和智力资源的有效流动,为人才提供更多潜在发展机会。要利用产业联盟、行业协会等载体,搭建人才交流平台,深化产学研协同创新,为人才提供更大的施展舞台。

第八章　打造高效能转化体系

促进科技成果转化是科技创新活动的"初心",是国家创新驱动发展战略和深化科技体制改革的关键落脚点。完善的科技成果转化生态可以促进高质量科技成果的持续产生,并推动成果扩散、流动、共享和应用。作为承担科技成果转化功能的重要载体,打造高效能转化体系是战略科创平台实现创新链与产业链融合发展的核心抓手。本章从高效能转化体系的内涵和表现入手,明确成果转化体系各主体、各要素间的相互作用关系,通过分析不同维度下战略科创平台构建成果转化体系的组织模式,探讨战略科创平台实现科技成果高效转化的动力机制、实现路径。

第一节　高效能转化体系的基本内涵

科技成果转化是指以提高生产力水平为目的,对科学研究与技术开发中具有实用价值的科技成果进行后续的试验、开发、应用和推广,直至形成新产品、新工艺、新材料、新产业等一系列活动。纵观国内外科技成果转化体系建设进程,政府主导是推进科技成果转化工作最重要的原始动力,西方国家在科技管理的相关词汇中,并没有类似于我国"科技成果"的统称,而一般以论文、论著、科技报告、专利、技术标准等作为科研项目所取得的具体成果。[①] 20 世纪七八十年代美国的《拜杜法案》对于美国科技创新产生了积极的作用,它的核心作用是解决了美国联邦资助所完成发明的专利权可以赋予高校、非营利组织和小企业使用并商业化的法律问题,在一定程度上完成了知识产权的"赋权使用",其成果转化工作由政府主导,转化方式以授权使用为主,转化流程贯穿整个创新链条。科技成果转化工作涉及学科交叉、要素多元、阶段融合、目

---

① 贺德方.对科技成果及科技成果转化若干基本概念的辨析与思考[J].中国软科学,2011,(11):1-7.

标不确定等因素,成就高效能科技成果转化的目标需要转化各方主体的高度配合,高效能的体系主要表现在成果产出的高效能、工程验证的高效能、规模应用的高效能。

一、主要特征

1. 成果产出的高效能

高质量专利一直是成果转化工作的源头活水,成果产出的高效能是指科技成果转化方一方面拥有高商业价值、可挖掘的学术研究成果,另一方面拥有可持续供给高质量转化成果的能力。众多科创平台存在部分“沉睡”的专利,但无法直接确定专利的商业价值,原因在于专利的商业价值并不囊括在科研评价体系当中。这也意味着,供给方与需求方的诉求不均等,科技成果转化机构无法像企业一样控制转化成果供给的质量。[①] 因此,构建供需一致的高效能体系对于科技成果转化环节至关重要,要从专利的商业价值出发,进一步明确转化主体的定位和职责,强化战略科创平台自身科技成果运营意识,打通科技成果转化的“最初一公里”。

2. 工程验证的高效能

工程验证的高效能是指在科技成果转化过程中,可以有效地为早期科技成果配置资金、开展技术与商业化验证,并吸引进一步的投资,这可以控制科技成果转化风险和不确定性。[②] 如果缺少工程验证环节,立即投入大量的资金产业化,不仅无法缩小学术研究和产业应用之间的风险敞口,而且无法保证已投入的科技成果转化资金能够有效运作。在工程验证中,验证资金是制约工程验证基金项目高效能运作的前提性、关键因素。战略科创平台可以依托其科创属性汇聚公共财政、私营机构和创业投资公司等多方资金,链接企业开放验证场景,完成规模产业化前的“中间一公里”。

3. 规模应用的高效能

规模应用的高效能是指在科技成果转化中试阶段完成后,能够以具有优势的转化速度、成本效益将成果应用到大规模实践中,这是创新链与产业链深

---

① O'kane C, Mangematin V, Geoghegan W, et al. University technology transfer offices: The search for identity to build legitimacy[J]. Research Policy, 2015, 44(2): 421-437.

② 何平林,汤广玉.以概念验证基金破解研究型高校科技成果转化资金难题[J].科技中国,2023(7):7-11.

度融通发展的关键环节。高效能的规模应用意味着科技成果能够迅速实现从小规模试点到大规模应用的扩展，并能够实现成本的有效控制和资源的合理利用。在规模应用过程中，成果转化方自身的组织结构、市场容量、销售渠道等要素至关重要，可通过建设公共技术服务平台、构建产业联盟、打造创新联合体等方式，来促进科技成果产业化、规模化应用，畅通科技成果转化的"最后一公里"。

二、主体作用机制

从科技成果转化生态的核心参与者构成来看，高效能转化体系主要由政府、企业、高校、战略科创平台、社会风险资本和科技中介等主体构成，虽然各主体的定位不同，但彼此间关系紧密，不可分割（见图 8-1）。且随着科技体制改革的持续发力以及"大众创业、万众创新"局面的兴起，战略科创平台的"战略性"和"可持续性"成为指引各主体进一步打破边界，精准发力，高效协同合作，提升转化的质量和效益，承担高水平科技自立自强的使命目标。

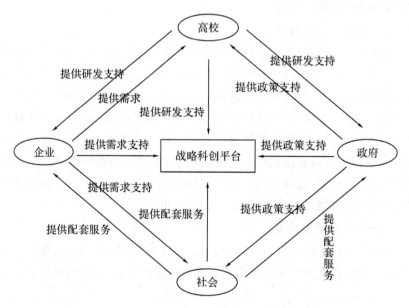

图 8-1 高效能转化体系各主体间的作用机制

1. 政府发展区域经济的动力驱动

作为一项复杂的系统工程,成果转化工作面临着多重风险的考验,离不开政府政策的有力引导,单纯依靠某个企业或机构很难保证成功率。在举国科技体制的优势下,政府应当进一步重视战略科创平台的作用,引导其在科技成果转化和应用推广过程中起到良好作用,集中力量做大事。要积极构建产业链与创新链深度融合的关键核心技术攻关体系,发挥战略科创平台的作用,加强融合创新的新型基础设施建设,支撑引领关键核心技术协同攻关。围绕我国"补短板""建优势"的迫切需求,加强对"卡脖子"重大领域、前瞻性领域的科技创新主体建设,并确保对战略科创平台研发经费的长期稳定性支持。通过顶层设计来统筹谋划战略科创平台的重点研究方向,注重发挥不同地区平台之间的网络化协同效应,破除跨区域科技成果共享的体制机制障碍,推动实现资源共享和优势互补,提升产业技术供给服务的整体效能。

2. 企业产品创新的内生需求

企业特别是龙头企业和链主企业是创新的主体,也是研发投入的主力军,随着我国综合国力增强和产业发展,为科技成果生产活动在资源保障、人才储备、中试产业化等方面创造了有利条件。长期以来,我国绝大部分企业仍然通过资金、人力投入来实现"量"的扩张,通过扩大规模来增加企业的效益,而以科技进步为主的内涵式扩大再生产还没有成为企业发展战略的主流。[①] 在市场经济的条件下,企业的生存和发展本质上取决于企业的技术创新水平、吸纳科技成果能力和经营能力,而不是仅靠资金、人力的投入规模来实现量的扩张及效益的提高。企业的直接需求导向能直接提升成果转化效率。从市场端来看,高附加值的产品需要满足用户需要,提高产品的用户体验,企业可直接联系消费终端,获得真实有效的用户需求,可以作为科技成果和科技产品与用户之间的天然"桥梁",实现市场需求端和科技供给端的有机衔接。从政策端来看,通过市场信息的有效沟通和共享,政府有关部门应尽快制订有效的产业政策,鼓励企业建立研发中心,促使企业科研力量组织化,并与高校和科研院所有效协同,提高规模效应。

3. 高校和科研院所服务创新的使命担当

高等院校和科研院所等科研单位是科技成果的供给主体,也是战略科创平台的重要支撑力量。纵观全球创新高地,科技创新与人才聚集呈现紧密的

---

① 李冬梅.低碳经济背景下西山煤电技术创新战略研究[D].太原:太原理工大学,2012.

正相关关系,高校是基础研究的主力军,也是应用基础研究的重要方面军,以及高新技术产业化的生力军,高校科技工作已经成为国家科技创新体系的重要组成部分。在国家有关部门的大力支持下,高校及科研机构深度参与了战略科创平台的建设,并在推动产学研合作过程中稳步形成了有市场眼光的科学家和有科学眼光的企业家联盟,在技术与市场的结合中取得双赢。据不完全统计,影响人类生活方式的重大科技成果有70%左右诞生于高校,特别是研究型大学。美国、日本、英国、法国、韩国、德国等发达国家的研究型大学在创新型国家建设中都发挥了重要作用。目前看,高校和科研院所参与的战略科技平台的总体科技实力、自主创新能力以及综合竞争力逐渐增强,知识贡献与社会服务能力不断提高,正在成为我国科技自主创新的强大力量。面向未来,高校科研院所应坚持守正创新,胸怀"国之大者",紧扣时代脉搏,自觉承担作为国家战略科技力量的使命。

4. 社会需求对高效能转化体系的重要支撑

社会资源主要指融资(基金)与科技中介(技术市场),它既是高效能转化体系的参与主体,同样也是衔接政府、高校、企业三者关系的有效介体。从研发立项、研发过程到成果转移转化等全链条中,可持续的资金保障是实现科技成果转化为商品和财富的必要前提,而融资难是制约转化的一个重要问题。基于科技成果转化的特殊性和复杂性,需要经历从立项、科研到转化的几大阶段,各阶段性特点各异,风险偏好和回报率各不相同,除政府引导基金投入外,更需要在转化的不同阶段提供不同形式和渠道的社会金融支持。科技中介是衔接政府、高校、企业三者关系的有效介体,根据发挥作用不同,可将科技中介分为技术转移中介、技术成果评估中介、金融服务中介等专业化服务队伍。科技中介更加具备市场的敏锐性和专业性,通过为不同转化主体提供沟通渠道、专业化服务、资源供给与整合平台,减少成果转化过程中不同利益主体的动力损耗,使三者形成一个协调联动、互促互进的转化共同体,发挥协同创新的整体效能。

战略科创平台所构建的成果转化体系,是解决行业发展关键瓶颈和共性需求的重要功能,该领域成果转化具有投入大、周期长、风险和收益高等特点。不仅需要政府从解决"市场失灵"的角度来加强公共投入,而且需要引导高校、科研院所等科研力量聚焦国家战略进行有组织会聚,更应考虑如何进一步吸引鼓励行业科技领军企业等社会资源共同投入,尤其是提高企业加强基础研究领域的自觉投入意愿。战略科创平台还可以通过成果转化实现科技创新资源的优化配置,让科技创新与成果转化参与新的社会分配模式,从而进一步拓宽战略科创平台的融资渠道、提高其资源保障能力。

三、政策表现

我国科技成果转化主要是指通过科学研究与技术开发所产生的具有实用价值的成果(目前转化成果的通用定义)[①],围绕着高效能科技成果转化体系的构建,政策从社会需求出发,基本覆盖了政府、企业和平台等主体。对比近五年我国出台的146项科技成果转化政策的分析(如图8-2所示),自科技成果转化政策三部曲颁布以来[②],中央和各级政府从总体部署、机构载体建设、成果收益、科技金融、专业服务等多方面深化布局,日益明确了科技成果支撑经济社会高质量发展的地位,逐步破解了成果转化的瓶颈问题。其中,依托战略科创平台聚焦创新力量,服务区域实体经济已成为共识。

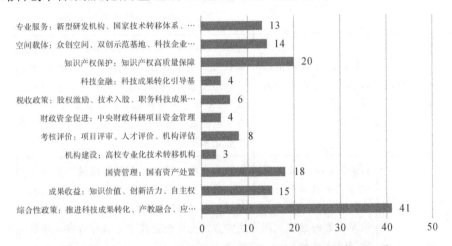

图 8-2　国家及各省市促进科技成果转化政策汇编分析(共 146 项)

1. 破解体制机制壁垒层面

政府作为科技成果转化链条中的引导方,在各地方科技成果转化的管理与平台建设中发挥着重要作用,《中华人民共和国促进科技成果转化法》《实施

---

① 以《中华人民共和国促进科技成果转化法》(2015 年 8 月 30 日,全国人大常务委员会修订版)为标准定义。

② 《促进科技成果转化法》《〈中华人民共和国促进科技成果转化法〉若干规定》《促进科技成果转移转化行动方案》。

〈中华人民共和国促进科技成果转化法〉若干规定》等均对有关行政部门和管理机构制定科技规划、计划,完善科研组织管理方式等方面作出了具体要求,如表 8-1 所示。战略科创平台在地方的创新发展过程中往往依托政府相关资源,而政府财政资金的支持在战略科创平台科技成果转化资金支持中占据重要比例。各类政策文件中也对政府财政资金使用做出了多项指示,要求政府有关部门、管理机构发挥企业在研究开发方向选择、项目实施和成果应用中的主导作用,财政资金应当资助具有市场应用前景、产业目标明确的科技项目。

表 8-1　面向政府的科技成果转化相关政策

颁布日期	文件名称(文号)	主要相关内容
2007 年 9 月 19 日	《国家技术转移促进行动实施方案》(国科发火字〔2007〕609 号)	地方各级政府应加大对技术转移的投入,逐步建立技术转移或科技成果转化专项资金,结合区域经济发展和产业特色,扶持本地技术转移体系,支撑区域经济持续稳定快速增长
2008 年 12 月 15 日	《关于促进自主创新成果产业化的若干政策》(国办发〔2008〕128 号)	各级人民政府要根据财力的增长情况,继续增加投入。主要通过无偿资助、贷款贴息、补助(引导)资金、保费补贴和创业风险投资等方式,加大对自主创新成果产业化的支持,加快自主创新成果的推广应用,提高自主创新成果产业化水平
2014 年 12 月 3 日	《国务院印发关于深化中央财政科技计划(专项、基金等)管理改革方案的通知》(国发〔2014〕64 号)	发挥好市场配置技术创新资源的决定性作用和企业技术创新主体作用,突出成果导向,以税收优惠、政府采购等普惠性政策和引导性为主的方式支持企业技术创新和科技成果转化活动
2015 年 3 月 13 日	《中共中央国务院关于深化体制机制改革加快实施创新驱动发展战略的若干意见》	建立完善高等学校、科研院所的科技成果转移转化的统计和报告制度,财政资金支持形成的科技成果,除涉及国防、国家安全、国家利益、重大社会公共利益外,在合理期限内未能转化的,可由国家依法强制许可实施

续表

颁布日期	文件名称(文号)	主要相关内容
2015 年 8 月 29 日	《中华人民共和国促进科技成果转化法》2015 修订版	各级人民政府组织实施的重点科技成果转化项目,可以由有关部门组织采用公开招标的方式实施转化;对利用财政资金设立的具有市场应用前景、产业目标明确的科技项目,政府有关部门、管理机构应当发挥企业在研究开发方向选择、项目实施和成果应用中的主导作用,鼓励企业、研究开发机构、高等院校及其他组织共同实施
2016 年 4 月 21 日	《促进科技成果转移转化行动方案》(国发〔2016〕23 号)	加快政府职能转变,推进简政放权、放管结合、优化服务,强化政府在科技成果转移转化政策制定、平台建设、人才培养、公共服务等方面职能,发挥财政资金引导作用,营造有利于科技成果转移转化的良好环境;加强中央与地方的上下联动,发挥地方在推动科技成果转移转化中的重要作用,探索符合地方实际的成果转化有效路径。加强部门之间统筹协同、军民之间融合联动,在资源配置、任务部署等方面形成共同促进科技成果转化的合力
2016 年 12 月 19 日	《"十三五"国家战略性新兴产业发展规划》(国发〔2016〕67 号)	加强战略性新兴产业科技成果发布,探索在战略性新兴产业相关领域率先建立利用财政资金形成的科技成果限时转化制度
2017 年 9 月 15 日	国家技术转移体系建设方案(国发〔2017〕44 号)	各地区、各部门要充分发挥财政资金对技术转移和成果转化的引导作用,完善投入机制,推进科技金融结合,加大对技术转移机构、信息共享服务平台建设等重点任务的支持力度,形成财政资金与社会资本相结合的多元化投入格局

数据来源:根据政府网站及公开的文献资料整理而成。

2. 激发企业主体创新和转化活力层面

近年来,企业在科技成果转化中的技术创新主体地位被反复强调。党的二十大报告提出,加快实施创新驱动发展战略,强化企业科技创新主体地位,发挥科技型骨干企业引领支撑作用。党的十九大报告提出,深化科技体制改革,建立以企业为主体、市场为导向、产学研深度融合的技术创新体系,加强对中小企业创新的支持,促进科技成果转化。2018 年政府工作报告中提出,以企业为主体加强技术创新体系建设,涌现一批具有国际竞争力的创新型企业和新型研发机构。以企业为主体加强技术创新体系建设,涌现一批具有国际竞争力的创新型企业和新型研发机构。鼓励企业牵头实施重大科技项目,支持科研院所、高校与企业融通创新,加快创新成果转化应用。

在市场经济条件下,企业离市场最近,最为了解市场需求,在市场中的经营运作经验最为丰富,同时也更能在市场化环境中把握准技术创新的趋势。科技成果转化的商业化特点和企业的自身优势决定了企业的主体地位,战略科创平台应该在企业的需求端发力,支持以成果转化为目的的研发型企业的发展,支持企业引进国内外先进技术,开展技术革新与改造升级。相关政策如表 8-2 所示。

表 8-2　面向企业的科技成果转化相关政策

颁布日期	文件名称(文号)	主要相关内容
2006 年 2 月 7 日	实施《国家中长期科学和技术发展规划纲要(2006—2020 年)》若干配套政策(国发〔2006〕6 号)	深化转制院所企业化发展,依托转制院所加强产业共性技术研发和科技成果转化
2007 年 9 月 19 日	《国家技术转移促进行动实施方案》国科发火字〔2007〕609 号	发挥企业的技术创新主体作用,支持企业加大研发投入,介入技术前端环节;鼓励企业引进技术,并进行集成、消化、吸收和再创新;支持以技术转让为目的的研发型企业的发展;支持企业技术转移的组织创新和模式创新,推动企业以产业链集成创新为目标形成各种形式的创新集群和技术联盟

续表

颁布日期	文件名称（文号）	主要相关内容
2008 年 12 月 15 日	《关于促进自主创新成果产业化的若干政策》（国办发〔2008〕128 号）	鼓励企业间技术成果的转移
2012 年 7 月 9 日	《"十二五"国家战略性新兴产业发展规划》（国发〔2012〕28 号）	依托骨干企业，围绕关键核心技术的研发、系统集成和成果中试转化，支持建设若干具有世界先进水平的工程化平台，发展一批企业主导、产学研用紧密结合的产业技术创新联盟，支持联盟成员构建专利池、制定技术标准等
2013 年 1 月 15 日	《"十二五"国家自主创新能力建设规划》（国发〔2013〕4 号）	鼓励符合条件的企业承担或参与企业国家重点实验室、工程实验室、工程中心以及中试和技术转移平台建设
2013 年 1 月 28 日	《国务院办公厅关于强化企业技术创新主体地位全面提升企业创新能力的意见》（国办发〔2013〕8 号）	支持企业推进重大科技成果产业化。完善技术转移和产业化服务体系，吸引企业在区内设立研发机构，集聚高端人才，培育发展创新型产业集群
2014 年 3 月 13 日	《国务院关于改进加强中央财政科研项目和资金管理的若干意见》（国发〔2014〕11 号）	支持企业推进重大科技成果产业化。依托国家自主创新示范区、国家高新技术产业开发区、国家创新型（试点）城市、国家高技术产业基地、国家新型工业化示范基地、信息化与工业化融合示范区、国家农业科技园区、国家级文化和科技融合示范基地、国家现代服务业产业化基地等，完善技术转移和产业化服务体系，吸引企业在区内设立研发机构，集聚高端人才，培育发展创新型产业集群

续表

颁布日期	文件名称(文号)	主要相关内容
2014 年 12 月 3 日	《国务院印发关于深化中央财政科技计划(专项、基金等)管理改革方案的通知》(国发〔2014〕64 号)	鼓励技术转移机构创新服务模式,为企业提供跨领域、跨区域、全过程的技术转移集成服务,促进科技成果加速转移转化
2015 年 8 月 29 日	《中华人民共和国促进科技成果转化法》2015 修订版	企业为采用新技术、新工艺、新材料和生产新产品,可以自行发布信息或者委托科技中介服务机构征集其所需的科技成果,或者征寻科技成果转化的合作者;国家支持科技企业孵化器、大学科技园等科技企业孵化机构发展,为初创期科技型中小企业提供孵化场地、创业辅导、研究开发与管理咨询等服务
2016 年 2 月 26 日	《实施〈中华人民共和国促进科技成果转化法〉若干规定》	国家鼓励以科技成果作价入股方式投资的中小企业充分利用资本市场做大做强;国家鼓励企业建立健全科技成果转化的激励分配机制,充分利用股权出售、股权奖励、股票期权、项目收益分红、岗位分红等方式激励科技人员开展科技成果转化
2016 年 4 月 21 日	《促进科技成果转移转化行动方案》(国发〔2016〕23 号)	市场导向明确的科技计划项目由企业牵头组织实施。完善技术成果向企业转移扩散的机制,支持企业引进国内外先进适用技术,开展技术革新与改造升级
2017 年 9 月 15 日	国家技术转移体系建设方案(国发〔2017〕44 号)	发挥企业在市场导向类科技项目研发投入和组织实施中的主体作用,推动企业等技术需求方深度参与项目过程管理、验收评估等组织实施全过程。在国家重大科技项目中明确成果转化任务,设立与转化直接相关的考核指标,完善"沿途下蛋"机制,拉近成果与市场的距离

3. 提升平台合作转化效率层面

在科技成果转化的过程中,战略科创平台与企业从来都不是独立的、互不相关的个体,科技成果转化的各个链条中也往往需要各类主体的多向互动。高校、科研机构在其学科特色、人才培养、技术研发上有独特的优势,企业在资本、市场、管理等方面则有明显优势,战略科创平台基于产业链的专业性,因此,国家一直鼓励协同创新,共建产业技术实验室、中试和工程化基地、专利技术产业化基地、科技成果转化基地和技术转移联盟等,以实现优势互补、资源共享,最大限度地提高创新效率。纵观近 20 年的科技成果转化政策,国家对依托科创平台进行科技成果研发和转化的鼓励支持态度一直未变,相关政策如表 8-3 所示。

表 8-3　面向平台合作的科技成果转化相关政策

颁布日期	文件名称(文号)	主要相关内容
2007 年 9 月 19 日	《国家技术转移促进行动实施方案》(国科发火字〔2007〕609 号)	加强国家技术创新体系中各类主体的多向互动。大学、研究机构、中介服务机构与企业等要各自发挥技术、人才、资本、市场、管理等优势,通过共建或共享实验室及中试孵化平台、合作开发、技术许可、技术入股、人员交流、企业并购、建立科技成果转化基地和技术转移联盟等方式,实现优势互补、资源共享
2015 年 8 月 29 日	《中华人民共和国促进科技成果转化法》(2015)(主席令第 32 号)	国家鼓励研究开发机构、高等院校与企业相结合,联合实施科技成果转化 研究开发机构、高等院校可以参与政府有关部门或者企业实施科技成果转化的招标投标活动
2015 年 9 月 24 日	《深化科技体制改革实施方案》(中发办〔2015〕46 号)	逐步实现高等学校和科研院所与下属公司剥离,原则上高等学校、科研院所不再新办企业,强化科技成果以许可方式对外扩散,鼓励以转让、作价入股等方式加强技术转移

续表

颁布日期	文件名称（文号）	主要相关内容
2016 年 2 月 26 日	《实施〈中华人民共和国促进科技成果转化法〉若干规定》（国发〔2016〕16 号）	国家鼓励研究开发机构、高等院校通过转让、许可或者作价投资等方式，向企业或者其他组织转移科技成果。国家设立的研究开发机构和高等院校应当采取措施，优先向中小微企业转移科技成果，为大众创业、万众创新提供技术供给
2016 年 4 月 21 日	《促进科技成果转移转化行动方案》（国发〔2016〕23 号）	以创新型企业、高新技术企业、科技型中小企业为重点，支持企业与高校、科研院所联合设立研发机构或技术转移机构，共同开展研究开发、成果应用与推广、标准研究与制定等。围绕"互联网＋"战略开展企业技术难题竞标等"研发众包"模式探索，引导科技人员、高校、科研院所承接企业的项目委托和难题招标，聚众智推进开放式创新
2016 年 8 月 3 日	《关于加强高等学校科技成果转移转化工作的若干意见》（教技〔2016〕3 号）	鼓励科研人员面向企业开展技术开发、技术咨询和技术服务等横向合作，与企业联合实施科技成果转化。鼓励高校与企业、研究开发机构及其他组织联合建立研究开发平台、技术转移机构或技术创新联盟，共同开展研究开发、成果应用与推广、标准研究与制定。支持高校和地方、企业联合共建实验室和大型仪器设备共享平台，加快推进高校科研设施与仪器在保障本校教学科研基本需求的前提下向其他高校、科研院所、企业、社会研发组织等社会用户开放共享

续表

颁布日期	文件名称（文号）	主要相关内容
2016 年 10 月 13 日	《促进高等学校科技成果转移转化行动计划》（教技厅函〔2016〕115 号）	结合学校学科特色优势,优化大学科技园、高校区域（行业）研究院等创新载体的空间布局,围绕"一带一路"、京津冀、长江经济带、粤港澳等重点区域的产业规划需求建设一批创新研究基地。以创新性企业、高新技术企业、科技型中小企业为重点,共同建立科技成果转化基地,承担流程改造、工艺革新、产品升级等研究任务,开展成果应用与推广、标准研究与制定等工作
2016 年 12 月 19 日	《"十三五"国家战略性新兴产业发展规划》（国发〔2016〕67 号）	引导有条件的高校和科研院所建立专业化、市场化的技术转移机构
2016 年 12 月 30 日	《"十三五"国家知识产权保护和运用》（国发〔2016〕86 号）	引导高校院所、企业联合共建专利技术产业化基地
2017 年 12 月 5 日	《国务院办公厅关于深化产教融合的若干意见》国办发〔2017〕95 号	支持企业、学校、科研院所围绕产业关键技术、核心工艺和共性问题开展协同创新,加快基础研究成果向产业技术转化。引导高校将企业生产一线实际需求作为工程技术研究选题的重要来源。完善财政科技计划管理,高校、科研机构牵头申请的应用型、工程技术研究项目原则上应有行业企业参与并制订成果转化方案。继续加强企业技术中心和高校技术创新平台建设,鼓励企业和高校共建产业技术实验室、中试和工程化基地。利用产业投资基金支持高校创新成果和核心技术产业化

第二节 高效能转化体系的组织模式和动力

战略科创平台承担着国家或区域的主导战略产业的研究方向的重要任务，其利用科研人员的技术性知识，进行着强链、补链、延链的具体工作，在科技成果转化的链条上应居于科技创新的下游和应用企业的上游。就战略科创平台而言，一方面其创新成果着眼市场需求，可以有选择地在多个领域、多个项目上主动配置资源进行转化。另一方面，战略科创平台不仅能提供成果转化所需的工程化能力、资金等，还应提供企业孵化所需的技术人员培训等服务。作为一个多元化创新主体，战略科创平台重在构建科技成果高效转化的渠道和机制，从而形成自有资金的良性循环。本节主要就战略科创平台构建高效能转化体系的动力入手，对战略科创平台的科技成果转化组织模式进行分类，从具体案例中解剖构建高效能转化体系的必要性。

一、组织模式

从前述战略科创平台的发展历程来看，因承担的主要职能的区别，在推进科技成果转化的过程中具有不同的组织运作模式，但只有将"成果孵化＋科创服务＋科技金融"等职能相结合才能更好地为转化赋能。总体来看，目前主要组织运作模式包含以下三类：一是开放式的组织模式，只作为生态打造的参与者，运作科技成果转化持股平台，不直接参与科技成果转化运营；二是协同式的组织模式，即参与持股、投资、运营等成果转化的全链条；三是从需求出发的组织模式，根据需求进行研究，并点对点地应用于某个主体。

1. 开放式的组织模式——美国工程研究中心

（1）功能定位

美国工程研究中心（Engineering Research Centers，简称 ERCs。以下简称工程中心）是美国政府为促进不同学科间、产业界与学术界之间的联系，形成整合的工程系统，为提高技术创新水平及增强美国工业地位和竞争力而推出的国家科技计划。[①] 其目标为加速建立和实现从科学发现到技术创新的转

---

① 柳春，夏迪，王健.美国工程研究中心发展及模式分析[J].科技管理研究，2014，34(16)：27-31+35.

型工程系统；建设集研究、教育和创新为一体的创新生态系统；提供国际合作研究和教育的机会，培养美国工程领域毕业生在未来能够领导全球经济的能力；组建跨界别、多样化的研究团队，包括优秀的研究人员。拓展工程教育项目；创新与地方经济的伙伴关系，以刺激创业、就业和促进技术创新与区域经济发展。

(2)组织架构

不同工程中心具有不同的管理架构，但所有工程中心的管理均呈现以技术转移转化为导向，且高度重视来自产业界的意见等特点(见图 8-3)。

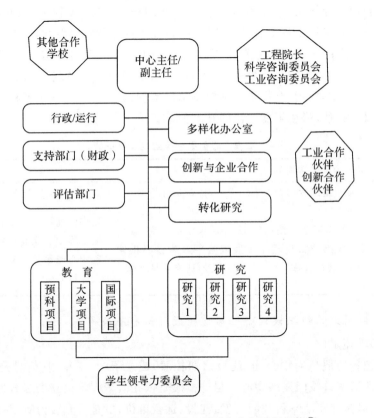

图 8-3　第三代典型美国工程研究中心组织架构①

---

① 图源：柳春，夏迪，王健.美国工程研究中心发展及模式分析[J].科技管理研究，2014，34(16)：27-31＋35.

(3)特色模式

基于上述架构,工程中心的优势机制产出了高价值的成果,同时为美国企业培养了具备完整知识体系的"复合型人才",主要特色体现在以下几个方面。

坚定工程化目标。以企业的需求为研究和人才培养的方向。工程中心通过研判相关企业的企业文化和长期发展目标制定工程中心的发展规划,成为与企业彼此依存的创新共同体,通过自我创新或衍生企业来服务目标企业。同时紧密链接高校的人才培养功能,结合企业需求培养交叉型人才,为企业发展提供源源不断的人力资源的支持。

创新组织合作架构(见表8-4)。从经费的构成分析,工程中心由美国政府下属美国国家科学基金会发起并引导,持续提供基础资助经费,经费约占工程中心总经费的30%;其他联邦政府提供约20%,体现政府意志;由大学牵头实施,为工程中心提供总经费的约10%,主要用于研究人员(教员)、空间、学生等的间接成本费用;合作企业则提供总经费的约30%。美国国家科学基金会定期进行评估,形成了良好协同互动关系。

表8-4　工程中心创新框架组成及其职能①

组成	美国国家科学基金会	企业	高校
身份	项目组织发起者	计划参与者	计划实施者
职能	中心基本资金资助;管理导向;评估;促成工程中心成员合作	对中心组织的研究、教育及试验平台建设提供建议;资助;研究项目合作	提供研究设备和资源;营造工程中心文化;持有工程中心成果并进行推广;人才培养

2. 协同式的组织模式——启迪控股股份有限公司

(1)功能定位

启迪控股股份有限公司(简称启迪控股)成立于2000年,其前身是1994年成立的清华科技园发展中心。启迪控股是依托清华大学设立的综合性大型企业,同时是北京清华科技园开发、建设、运营单位,也是紫光股份有限公司的第一大股东。公司旗下直接投资及控参股企业200多家,管理总资产超过300亿元人民币。在其多年的科技服务实践中,以创新为基础,以产业为抓

---

① 表源:何洁,李晓强,周辉.美国工程研究中心建设对我国政府资助产学研协同创新平台建设的启示[J].科技进步与对策,2013,30(17):10-13.

手,提炼出"政府＋企业＋大学""园区＋产业＋金融""技术＋产业＋资本"三个三螺旋多重交织的"立体三螺旋"集群式创新发展模式(见图8-4)。

图 8-4 协同式组织职能分布

从创新主体维度来看:启迪控股早期在清华大学与各地政府合作的基础上,不断通过服务能力进行轻资产拓展,依托启迪控参股的一大批企业集群,与更广泛的科研院、机构、国内外大学进行合作,充分发挥了政府、大学和企业的积极性。

从创新载体维度来看:启迪控股在各地建设科技园、科技城,通过旗下的天使、并购基金等全产业链布局的多只基金等金融工具,投资孵化了众多的科技实业企业,促进了当地经济的发展。

从创新要素维度来看:启迪控股以技术为核心,依托孵化服务、创业投资业务,聚合大量高科技创新创业企业资源,通过并购与培育节能环保、大健康、智慧城市等战略性新兴产业领域的龙头企业,为区域创新和产业转型升级提供落地支持。

(2)组织架构

启迪控股所实施的是美国霍顿模式的集分权管理,站在其组织结构的层面上看,总部的管理模式以"战略型"管理为主,整个组织框构呈现出扁平化的特点(见图8-5)。管理层下涵盖了综合管理部、财务部、内审部、战略规划与投资发展部、品牌管理部、启迪商学院、经营性物业中心。启迪控股具有特色的组织框架,注重战略、投资、规划等创新性研究,五个职能部门完成企业的一般性运营,培训机构则依托清华大学科研教学能力和师资力量,以科技园为核心进行研究、开发、运营。各部门之间的相互合作、协调,从研究规划到实施运营，共同经营地产、金融、实业等板块。扁平化特征与启迪控股当前的注重效率的企业文化、管理模式导向相匹配。

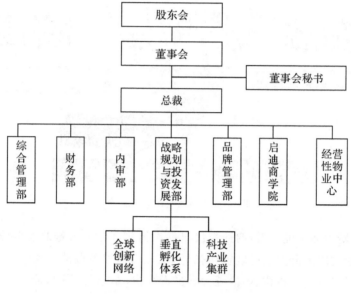

图 8-5　启迪控股组织构架

（3）特色模式

协同式的组织需要充分调用各类资源，建立适合自身特点的发展模式（见表 8-5）。启迪控股拥有大量游离于财务报表之外的资源，如主体资源、科技资源、教育资源、用户资源、品牌资源、组织资源、人力资本资源等，而这些资源也同样在为企业创造着利润。启迪控股背靠清华大学，依托其平台支持，将人力、物力、财力资金投放于科技服务、管理模式、品牌、声誉、人力资本等轻资产资源的建设与发展，并逐步形成轻资产运营模式，最终形成企业轻资产投资的财务结果。不仅如此，企业的资产营运结构的转变有利于降低财务风险，缓解融资压力，有效规避经营风险并提高其盈利能力；同时进一步提高资产管理效率、优化科技服务结构，最终提升其核心竞争力及品牌影响力。

协同式的组织离不开政策的指引及金融的支持。在国家"双创"的大背景下，启迪控股顺应国家发展的大政方针及政策目标，其政策变动中的应对能力不断增强、平台价值持续提升。启迪控股运用金融化手段实现多元化、低成本融资，通过积极挖掘多种融资渠道提升资本运作能力；充分依托背靠高校和科研院所的平台优势，叠加自身高水平的科技管理服务能力，与相关投资者建立深层次的战略合作关系，确保在产业链的不同领域获得最大化的经营效益。

表 8-5　国内代表性战略科创平台发展模式

机构名称	成立时间	主要发展模式
台湾工业技术研究院	1973 年	以"产业科技研发、知识型服务、技术衍生价值"为三大主营业务方向，提供技术转移、检测服务、创业育成中心、开放实验室、产业科技国际策略研究与发展推动、产业学习服务和业界合作等服务
深圳清华大学研究院	1996 年	实行"科技创新孵化器"的经营发展模式，建立了完善的"科技创新孵化体系"，形成了科技金融深度融合的发展驱动方式
浙江清华长三角研究院	2003 年	探索形成了"政产学研金介用"七位一体的发展模式、"一院一园一基金"的重大科技成果产业化模式，并在创新机构的科技管理、人事管理方面积极开展"虚所实中心""分类管理""分类考核"等探索实践
中国科学院深圳先进技术研究院	2006 年	以"巴斯德模式"为指导，创新组织形态，分别设立研究所、工程中心、开放技术平台和育成中心。研究所发挥技术研发优势，工程中心发挥成果转化、技术转移优势，开放技术平台发挥科研加工、测试及调试方面的优势，育成中心主要从事企业孵化工作
江苏省产业技术研究院	2013 年	在国内率先实施"团队控股的轻资产运营公司模式"的专业研究所建设运营新机制，通过"技术研发＋专业孵化＋专业基金""三位一体"的运作方式，不断衍生孵化有自主知识产权的科技型企业和有核心技术的专业化产业园

3. 以需求为导向的组织模式——斯坦福大学技术许可办公室

斯坦福大学是高校中首位成立了负责技术转移和科技成果转化的部门——技术许可办公室（Office of Technology License，OTL）的高校。OTL已运行近 50 年，作为以"许可"和"授权"为主导的全流程成果转化模式，为高校和战略科创平台参与技术转移和成果转化提供了丰富的经验。

（1）功能定位

当前斯坦福OTL的使命被界定为：促进斯坦福大学技术转移，帮助师生把科技进步转化为有形产品并为社会造福，为发明者和校方带来收入回报以进一步支持大学的自由研究和教育。[①] 此外，斯坦福OTL还围绕着核心使命不断拓展其他职能，包括以技术许可为核心开展知识产权管理活动以及资助成果转化。

（2）组织架构

在顶层设计上，OTL被充分授权。在校内，OTL接受分管研究的副教务长的领导，OTL主任直接向其报告工作。这种架构不同于其他有些大学把技术许可机构置于财务部门领导之下的模式。斯坦福大学还要求在能维持OTL正常运转的情况下不订立相关的经济指标，为技术转移和科技成果转化工作提供了最大限度的支持。

在组织架构上，OTL有着扁平的组织结构（见图8-6）。其中最具特色的是由专员和联络员两两组成工作团队，每名许可专员都被授予充分的自主权，独立对项目进行全程管理，承担着"从摇篮到坟墓"的全部职责。许可联络员主要是在许可专员带领下从事相关助理工作。

（3）特色模式

斯坦福大学技术许可办公室经过四十余年的发展，形成了两条特色模式。一是形成了一批专业化人才，特别是既懂技术又懂管理的技术经理；二是形成了由前期工作到许可协议、市场营销，最后到收入分配的成熟的营销导向的技术转移流程。

二、动力溯源

战略科创平台致力高水平科技成果转化的动力来源既有政府对于产业落地的迫切愿望，也有自身的内在需求，工作重心应在于调动、协调政府、研究机构（成果、技术持有人）、投资方、科技企业孵化器、社会中介等各方面的力量，从而建立与科研工作相衔接的高效能转化机制，而考核是决定战略科创平台的创新机制、人才动力、研究方向的重要引导。

[①] 隆云滔,张富娟,杨国梁.斯坦福大学技术转移运转模式研究及启示[J].科技管理研究,2018(15):120-126

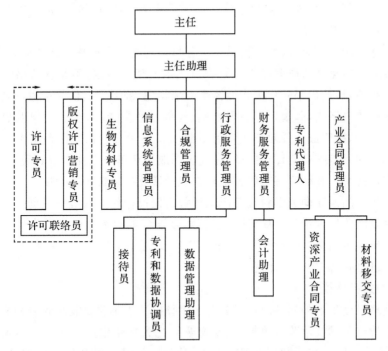

图 8-6 斯坦福大学 OTL 相关机构组织架构图

1. 政策动力

(1)考核评价导向倒逼

从现行政策的覆盖面分析,国家和区域对于创新资源的落地转化提出了更高的期望,政策的出台和落实已到了改革的"深水区",而对于战略科创平台的转化体系构建主要表现在考核评价机制的导向问题上,具体表现在以下三个方面。

一是从重大创新项目的引导来看,战略科创平台承接的项目均为在区域产业发展中占据核心主导地位,具备解决"卡脖子"问题的导向,在这些科技创新项目的引导支持中,促进成果产业化并非关键指标,分类绩效评价中成果转化相关指标的绩效权重不高。据统计,以某高校主导的战略科创平台为例,并未单独设置重大项目的考核评价指标,只是沿用了高校相关的科研考核指标;以承担国家重大科技攻关项目的考核来看,目前在科研人员的晋升过程中科技成果转化在绩效评价中权重不够。如技术和产品开发类项目、应用示范类项目分别只占到15%和20%,这就造成了科研人员受国家或区域科技项目的绩效导向,更关注发表论文、申报专利等,不愿投入时间、精力、资金进行重大创新项目的成果转化。

二是从职称评审指标来看,尽管部分科研院所已在职称序列任职条件中,将科技成果转化纳入研究成果和影响力要求的相关规定,但是在战略科创平台的体系内,科技成果转化的指标体系尚未构建,部分方向仅简单对标高校或科研院所的科研指标,规定了获得专利、软件等数量指标,没有突出对成果转化效益、技术推广成效及对产业发展贡献的相关考察。在职称评审中实行代表性成果同行专家通信评议制度,在代表性成果送审中往往集中表现为论文,体现产业化特点和研究特色的其他成果包括转化成果鲜少被运用。

三是以问题导向的学科交叉团队评价机制尚待健全。战略科创平台交叉汇聚创新团队的评价机制尚待建立完善,以培育重大标志性成果为目标着重考察科研成果质量、学术贡献的导向需进一步强化,交叉学科研究的跨学科性、实践应用性需进一步体现。

(2)路径建议

战略科创平台的属性决定了其对于考核的要求不仅要满足政府和合作企业对于战略关键技术验收要求,更要符合转化为社会生产力的现实需求。要围绕"评什么""谁来评""怎么评""怎么用"作为促进成果转化工作重要的"指挥棒",要推动科技成果评价观念转变、方式方法创新和体制机制改革,把科技创新质量、绩效和贡献作为核心树立正确的评价导向。

科学构建评价体系。评价体系应由政府、社会、企业和投融资机构共同组成,发挥市场化评价、金融评价和第三方评价的优势。在全社会应该建立以科技创新质量、贡献、绩效为导向的分类评价体系,破除唯论文、唯帽子的评价导向,彻底改变专利"唯数量"论。通过推进职务科技成果管理权改革探索,健全尽职免责和容错纠错机制,引导科研人员开展更有效率的科技成果转移转化工作。[①]

分类制定评价指标。对主要从事应用研究、技术开发、技术服务、技术咨询、成果转化工作的科研人员,加大成果转化、技术推广、技术服务、技术开发、技术咨询等评价指标权重,把科技成果转化对经济社会发展的贡献作为科研

① 吴寿仁.科技成果转化若干热点问题解析(二十三)——科技成果转化评价方式与评价政策导读[J].科技中国,2019(1):37-46.

人员职务晋升、职称评审、绩效考核等的重要依据。[①]

完善转化评价机制。建立包含职务发明披露、专利布局、科技成果转化率、经济效益、社会效益、新创办企业等多维度转化评价指标体系。同时，重视"国家三大奖"和区域、行业各类获奖项目的应用研究和产业化预研，将科技成果转化情况纳入各战略科创平台工作绩效考核范畴。

2. 市场动力

就战略科创平台而言，其在科技成果转化的链条上应重点面向应用基础研究和产业化研究，以科技成果转化和市场化运作辐射带动转化的功能是战略科创平台的一大职能，但同时也是当前阶段发展中普遍存在的短板。

(1)市场化运作的需求

从资本集中程度看，紧密链接资本链的能力不足。通过市场化的基金运营方式，可以将有限的资源集中于产品研发、产品售后服务、管理运营创新、后期市场营销和终端服务等经济附加值较高的环节，而对生产环节等附加值较低以及自身较为欠缺的业务可以分包给专业的市场主体。通过市场主体在增强客户体验、进行终端服务的同时，能够实时掌握市场动向以及客户需求变动，从而更好地为战略科创平台前期研发进行指导，形成良性循环，进而提高其核心竞争力。从目前战略科创平台的基金运作来看，主要受限于研发资金来源，不能充分地参与市场运作。

从资源整合能力看，服务产业链的深度有待强化。通过市场化的运作，战略科创平台凭借其在创新链中占据的优势地位，可以更好地服务各类创新企业，通过作价入股的形式更好地参与企业创新工作，同时还可以依托市场主体对一些重资产企业进行并购重组，对价值链系统中的资源进行有效整合，最大程度地提升资源利用率。参与主体多元化发展不仅可以有效完善科技成果转化体系的评价机制，也为众多主体深入科技成果转化体系提供了机会，有利于扩充拉动高效能体系建设的动力源。但目前受限于专利归属、与依托共建母体之间的关联度，导致参与产业链发展的深度受到一定制约。

从发展收益来看，战略科创平台现阶段可持续发展能力不强。战略科创平台可以依托高校、政府背景所带来的公信力，利用丰富的项目来源，以及与投融资体系、产业界的良好关系，为企业提供内容丰富的公共服务。同时战略

---

① 国务院关于印发国家技术转移体系建设方案的通知[J].中华人民共和国国务院公报,2017,(28):15-21.

科创平台兼顾科技成果转化中介服务职能,可以实现成果供给、企业需求的有效对接,为科技成果转化提供桥梁和纽带。此外,战略科创平台通过参与相关企业的创新,还可以帮助企业主体发挥主导作用,对其他资源实行有效的组织、协调和管理,提升价值链的营运效率,为企业带来更多的价值,从而反哺研发环节。

(2)路径建议

资源配置。战略科创平台重要的平台定位决定了其更关注交叉型、互动型的成果转化,是聚焦某一产业领域的跨越单一学科、单一领域的成果集成,通过市场化的资源配置方式,可以更多地调动各方主体的积极性和主动性,多方筹措资金,主动配置资源进行转化。

服务支撑。由于科技成果转化工作的复杂性和专业化,需要用市场的方式来提供服务支撑。一方面可以打造投资平台,借助资本的力量畅通转化的流程,倒逼其解除体制机制的束缚;另一方面可以打造人才培养平台,通过为科研人员提供专业的培训,提升其科技成果保护能力和技术推广的能力。

参与交易。要进一步激发科研人员成果转化的动力,依托战略科创平台市场化运作,构建区域技术交易体系,积极参与协议定价、挂牌交易、拍卖等定价方式,探索市场需求导向的科技成果转化评价体系。结合区域需求,可快速调整研发方向,综合配置资源,培育高质量成果并促成交易。

第三节　高效能转化体系的构建路径

一、实现方式

战略科创平台科技成果转化形式可初步划分为技术咨询、技术许可或授权、知识产权(专利等)转让、创办大学科技园、作价投资(正式的或在私人企业持有股权)、合同研究(为企业开发相关研究成果的专利和产品应用)、创办衍生企业(在大学内创办企业或创立相对独立的产业化公司)等(见表 8-6)。在任何一种转化路径中,企业特别是龙头企业或者链主企业的创新主体作用不容忽视,它们决定着高效能成果转化体系建设的效率和质量,贯穿着成果转化工作的全链条。本文将高效能转化的实现路径进一步归纳为产学研合作、科技创业、产业技术联盟三类。

表 8-6 战略科创平台科技成果转化形式

学者	战略科创平台科技成果转化形式
Klofsten 和 Jones-Evans(2000)	咨询、衍生企业(spin-offs)
Magnus 等人(2000)	大学与外部组织的合作研究项目、为企业开发相关研究成果的专利、衍生公司、咨询
Louis(2001)	参与外部提供资助的大型研究项目、获得外部收益、得到企业的支持、获取专利、正式或者在私人企业持有股权
Santoro 和 Chakrabarti(2002)	联合研究或合同研究、衍生公司(spin-off companies)、知识产权转让
Etzkowitz(2004)	在大学内创办企业、建立准企业性质的研究团队、建立产学研究中心、建立组织层面或机构层面知识产权保护的制度安排
D'Este 等人(2007)	创建新的实体设备、联合研究
Wood(2009)	衍生企业形式和技术许可
李华晶、王刚(2010)	衍生企业、技术许可
D'este 等人(2011)	合作(或联合)研究、合同研究、咨询
汪怿(2013)	一是知识的转移,例如咨询或合同研究;二是技术的转移,例如专利或授权;三是产品和服务的转移,例如创办企业、生产、技术评估、交易、软件开发、服务、专业评估、合同研究等方面
张鹏(2015)	技术许可、创办大学衍生企业、创办大学科技园、开展合作研究
黄扬杰、邹晓东(2015)	科技园、衍生企业、专利和许可、产业合同研究、顾问咨询
殷朝晖、李瑞君(2017)	技术咨询、专利转让和技术许可、创办衍生企业
殷朝晖、李瑞君(2017)	顾问咨询、合作研究、专利许可和组建公司
苏洋、赵文华(2017)	许可、技术转让和衍生企业
张庆芝、李慧聪、雷家骕(2018)	专利、风险合作、创建衍生企业

依据相关文献整理。

1. 以产学研合作转化模式点对点构建高效转化体系

随着战略科创平台功能从人才培养、科学研究到社会服务的延伸,教育与科技创新紧密度逐日提升,尤其是在知识经济社会中,战略科创平台被推向社会发展的中心,成为社会经济发展的重要动力。[①] 总体来看,战略科创平台参与产学研合作的模式包括两类:一是以完善区域创新体系为目的的校地合作的衍生模式;二是以提升产业能级为导向,围绕区域重点产业的强链、补链、延链模式。

产学研合作转化模式的关键需要"政府推动、平台主导、企业支撑、国际合作、市场运作"的建设思路和运作模式。要依托区域政府在政策和资金上给予支持,通过领导小组或理事会等机构协调解决发展中的具体问题。充分利用战略科创平台研发机构和人才及技术成果,吸引龙头企业或链主企业参与建设,坚持市场的决定性作用,以市场、用户需求为倒逼,根据市场和产业需求提供技术成果和服务,遵循市场规律运作。同时,以具体合作为契机,由点及面,强化世界科技创新趋势为导向,引进发达国家技术、人才、成果和国际风险资本,扩展国际合作研究开发领域,帮助企业利用掌握国际先进科技资源。

2. 以支持科技创业转化为路径,链条式构建高效转化体系

战略科创平台的重点在"科",落脚点在"创"。从研发模式看,总体形成了"开放型"政府、科创平台、企业等多方结合的科技研发新模式。[②] 依托战略科创平台推动基于创新的创业,以服务产业链的方式深入技术攻关一线,是构建高效能转化体系的重要路径。一是承接政府专项计划。针对产业内未出现承纳对象的前瞻性共性技术,重点支持关键共性技术研究中的高风险高回报的前瞻性和探索性研究,主要是着眼于政府产业发展战略而进行的预先研究。二是二次开发后转化。按照科技成果转化规律,重新考察科技成果是否具备转化条件,然后根据环境的变化来决定是否对原有的科技成果进行产业化再造。三是与企业共同合作研发。包括针对个别企业的技术合作与技术服务和针对多家厂商合作的技术开发(主要是共性技术)。四是各分中心的支撑联动。战略科创平台内部会根据产业方向、研究方向划分为若干个 PI 团队和中

---

① 杜昆儒,崔金栋.产学研中知识生态系统价值实现的机理研究[J].产业与科技论坛,2014(16):248-249.

② 叶宝忠.基于技术转移集合体模式的工业技术研究院创新模式研究[D].成都:西南交通大学,2011.

心,以项目为纽带,引入政府、民间资本,充分发挥各方优势,联合攻关,加速技术开发。

3. 以成立产业技术联盟,网络式构建高效转化体系

通过战略科创平台实行"小核心、大网络"的组织形式,建立网络化的动态组织系统。"小核心"由科创平台自身的核心管理与研发转化体系构成;"大网络"即充分利用网络平台和人员互动,统筹在全国各地甚至国际各类科技资源优势,建立创新战略联盟,逐渐形成目标协同、不断发展的网络化组织管理和技术成果推广体系。由战略科创平台积极整合区域高校、企业、科研等资源,搭建行业共性技术服务平台,提升区域经济创新能力;通过产学研官合作、创建企业创新孵化器等,分别在高新技术领域和区域产业关键技术研发突破,协同推进成果转化工作。一是积极推进国家主导的产业联盟建设。以国家重大项目为驱动,成立国家级产业联盟。例如法国卡诺研究所网络由法国政府于2006年建立,现已成为欧洲第二大研究所联盟,在法国科研组织专利拥有量排名中居第二位,拥有38个研究所和3万余名研究人员。英国弹射中心是英国政府于2010年聚焦关键创新领域、立足全球高端创新价值链部署的科技创新中心,目前已建成11个弹射中心,为英国经济发展注入了强大的驱动力。美国国家制造业创新网络计划由美国政府于2012年发起,通过建立若干公私合作的制造业创新中心并形成网络,有效加强了美国在先进制造领域的领导力。二是推进"专精特新"产业联盟建设。由战略科创平台牵头,以产业联盟形式集合关键领域的上下游企业,打通产业链,共同推动成果产业化。三是推进重大技术联盟建设。以龙头企业为主导,瞄准关键工程领域重大需求,联合进行关键技术突破、科技成果转化与产品创新,打造协同发展共同体建设。

二、举措建议

基于对我国战略科创平台的现实情况及发展分析结果,本节将着眼考虑可持续发展的中长期战略布局,通过重新调整设计战略科创平台的组织系统促进科技成果高效转化,实现战略科创平台的高质量发展。

1. 围绕可持续发展的建议

(1)构建科技创新金融体系,助推科技成果转化。

通过设立推动技术创新的基金形成多元化科技投入体系,战略科创平台可以探索依托金融助力的科技成果转化,借力于科技特色的金融体制创新,解

决科技与经济"两张皮"的问题,全面构建多元化的科技创新孵化体系及产业投资平台。主要是通过三类基金运作。

一是成果转化"风险投资基金"。政府引导,银行、保险、担保公司等金融企业参与,构建市场化运作的多元化投入体系。该基金主要针对不同阶段的成果(包含小试阶段)的风险投资,分析判断具有一定市场潜力的知识产权并促进其产业化。

二是"中试基金"。主要针对成果中试阶段的投入和研究。这一阶段风险较小,可考虑通过成立持股平台鼓励团队作价入股,激发研发团队的活力,提高成果的转化效率。

三是"并购基金"。探索由政府牵头,行业龙头企业、科技型领军企业共同发起设立科技成果转化并购基金。该基金主要针对上下游产业链进行垂直孵化或并购,同时在投入之前可从基金中提取一定比例作为研发团队持续开展新课题研究的经费。

(2)发挥龙头企业创新主体地位,以科学研究为实力支撑,形成开放协同创新体系。

目前的战略科创平台承担的成果转化职能大多归于以科研为主的集科研、教育、产业、资本为一体的微型协同创新生态系统,其在国家创新体系和区域源头创新活动中应该起到骨干和引领作用。战略科创平台的成果转化应该主动承接龙头企业或者链主企业的创新需求,勇做"答题人"。面向国家重大战略需求,抢占未来科技和产业发展的制高点,促进应用学科交叉融合。因此探索面向关键核心产业技术攻关,创新会聚融通的科研组织模式,推进与企业重大科技协同和实现重大原创成果突破,形成一批支撑国家科技自立自强的标志性成果是进行转化的先决条件。在科学研究的扎实基础支撑下,推进战略科创平台学术水平与国际接轨、科研成果与产业接轨。通过逐步建立职务科技成果披露和专利申请前评估制度,构建集知识创造、保护、成果推广为一体的创新机制,形成开放协同创新体系,针对性布局重大、突破性科研成果的转移转化。

2. 围绕组织系统的优化设计

(1)聚焦协同式组织,走平台化发展路径。

多学科汇聚共同发展是平台化路径的标志,战略科创平台具有专业齐全、研究中心类型多样、科技金融链条全面的特点,这就决定了承担重大战略公关任务的平台必须要有协同汇聚资源、融通创新的能力。一是以多学科中心和多学科团队为依托,建立产业化平台和工程技术平台。打造"学科＋研究中心＋创新型企业孵化集群",建立与市场经济对接的高效技术转化转移模式,联动高校、企业、政府搭建技术转移的纽带。平台应充分发挥地方经济与产业发展优势,以自身研发的科技成果为基础,汇集双方科技创新资源,建立政府支持、产学研结合、面向市场的集科技研发、科技服务、成果转化、产业培育、科技孵化为一体的创新大平台。打造"学科＋研究中心＋创新型企业孵化集群",设立"聚焦产业、服务区域"的开放性公共创新服务机构,积极推动科技成果转化。

二是大力发展孵化平台,提高创新型企业孵化率。国内外实践表明,加快发展孵化平台是促进科技成果转移转化的重要组成部分。依托产业基地和产业园区建立孵化器,将刺激新生企业发展,为产业化项目的研发和产业化落地提供良好的发展空间。在发展过程中,应积极创新孵化器制度与发展路径,这成为区域性经济发展的重要增长极。同时,在建立产业园区的过程中,可积极探索轻资产运行模式,充分利用园区空间模式实现收支增长。

三是打造科技金融链条,为产业平台和孵化器运行提供有力保障。开放式组织兼具科技与金融两个重要的元素,平台应充分认识发展金融科技的战略意义,统筹顶层设计,着力打造金融科技产业链条。加强前沿创新引领,开展前沿技术研发,形成高质量知识产权和专利;推动协同开放创新,支持企业、金融机构、高校院所加强合作,依托围绕科技金融,助力解决产业共性关键的问题;根据科技金融发展规律,紧密结合当地资源禀赋和发展需求,营造良好的政策发展环境。

四是推动人才(双创)队伍建设,助力科技成果转移转化。平台应该落实以增加知识价值为导向的奖励分配政策,健全对科技创新人才和科技成果转化人才的激励措施,协同高校和科研院所加强知识产权、技术转移、产业孵化相关的学科建设和人才培养。另一方面,要打造一批优秀高素养科研团队,作为平台创新创业教育的骨干力量。适当引进知名企业家作为指导教师,引进社会上的优秀师资力量,聘请社会上有创业经验和企业管理经验的人才到平台进行演讲和任职,以更好地激发团队科技成果创新和转化的意识与热情。

(2)聚焦构建以实际需求主导的组织模式,走专业化发展路径。

聚焦区域特色产业,专注核心学科发展是专业化路径的重要标志。专业化战略科创平台研究中心方向集中,高层次人才集聚,解决产业问题的实际能力强。

一是坚持问题导向,提升解决实际问题的能力。围绕国家和区域产业需求,结合战略科创平台的制度优势、科研优势,在"揭榜挂帅""赛马"等项目之中审慎规划,选准突破口,形成自己特有的科技创新特色。聚集某一个或两个重点行业探索专业化、垂直化的发展模式,引进标志性重点项目及规模化企业项目,找准平台发展定位,打造出平台的品牌亮点,形成良好的产业链与创新集聚效应。加强对平台目标任务的考核和督促,加强统计体系建设,提升统计和分析能力。

二是坚持需求导向,树立标志性科技成果培育转化导向。加强标志性成果支持力度,围绕"构筑大平台、凝聚大团队、承担大项目、培育大成果、实现大转化"科技创新的战略目标,设立标志性成果培育咨询委员会,确定标志性科研成果培育对象、培育机制。聚集各类创新创业人才,形成外部支撑的高水平产业化专家队伍。聚焦高端创新创业团队建设,不断加大高端人才引进力度,以专业服务构建科技成果转化快速通道,提升科技创新能力;引进或培养一批接轨国际的高水平成果转化人才,鼓励广大科研人员围绕科学前沿和国家战略需求,培养出一批高水平、有影响的标志性科技成果。

三是坚持协同发展,打造科技成果转化多维度多层次绩效评价体系。更加注重与其他高校科研院所或其他平台的合作,加强平台之间的互联互通、信息共享、资源共享、利益共享及风险共担,共同做好项目的遴选、评估和投资,探索形成"会员制"的科研创新机制,构建"布局合理、特色突出、互联互通"的科技创新与成果转化网络体系。更加注重企业参与互动,在产学研探索中,逐渐形成面向行业企业的稳定对接服务机制,探索建立"政产学研、金介媒用"协同的科技成果转移转化体系,推动科技成果转化工作效果和质量。更加注重与其他专业平台和社会资源的协同,通过培育大项目,重点关注培育标志性项目,建立紧密的产学研合作关系,实现创新链和产业链的融合。

四是坚持融通推进,发挥社会资源的力量实现平台可持续发展。第一是建立专业化的技术转移队伍,为 PI 团队定向匹配成果转化技术经纪人,开展专利导航和布局分析等服务。依托技术转移队伍链接市场需求和平台的研发成果,向政府申请设立相关财政支持政策、税收优惠政策以及信用担保政策等。第二是强化主体责任,引导"三次分配",采取基金会捐赠等方式为成果转化提供支持。捐赠既是分担战略科创平台科研成本的一种有效方式,也是实现共同富裕下社会分配的实物社会转移的有效方式。建立捐赠的长效机制,通过捐赠分担平台成本,将成果转化收入作为战略科创平台可持续运作的主要经费来源,并组建专业化运营队伍,促进科技成果转化;政府需设立相关激励性的政策与法律环境;战略科创平台需完善合作企业或个人捐赠者的组织建设,加强与企业联系,增强科创技术和产品在社会上的认同感。

未来展望

战略科创平台本身就是挑战和超越现行创新体系的一种组织存在,在传统创新主体无法解决或者不能高效解决的关键核心领域发挥创新主体的作用,提高或者保持国家创新竞争优势。因而,战略科创平台注定是面向未来获得竞争地位、赢得先发优势,必须谋划未来、布局未来、决胜未来。其所面临的也一定是与战略目标相匹配的更大挑战,必须具有与传统创新主体所不同的创新动员能力和管理体制机制,在创新生态体系中发挥各类创新资源要素"聚变"与"裂变"的强大创新势能。

第一节　战略协同的创新动员能力

战略科创平台是通过各个参与主体以及个体共同完成某类创新活动的全过程或创新链中某些环节的行为活动集合,在这个过程中体现了国家战略、区域战略、行业战略以及组织发展战略的一致性,以便更好地产生同频共振效应。在战略科创平台的建设发展过程中,需要充分调动政府、大学、科研院所以及企业等异质性组织之间的资源力量,通过资源共享和优势互补,推动双向创新的整合,聚焦于战略目标,形成跨领域、全方位和异质互补的战略科技力量。

面向长期战略的多元主体高效协作的创新动员能力,战略科创平台需管控好相关利益主体的战略预期。企业、高校、科研院所、政府等主体,它们既是战略科创平台的参与者,同时也是利益相关者。[1] 一方面,因为这些主体都是基于各自的目标投入支持战略科创平台建设发展,科创平台的组织决策与行为都会对它们所预想的既定目标造成影响。科创平台的运行绩效、行为成果

---

[1]　利益相关者是受到组织决策和行为影响的组织环境中的任何支持者。

达到了这些利益相关者的预期目标,那么它们则会更加乐意投入资源,支持战略科创平台朝着期待的方向继续发展。但需明白的是,战略科创平台所面向的关键行业领域、所攻关的技术创新难题具有风险高、投入大、不确定性强、回报周期长等特点,建设成效具有较高的不可预测性,是一种非线性发展逻辑。因此,对于战略科创平台来讲,要从自身定位出发,寻求各个利益相关者战略目标的最大交集,尤其是在目标尚未实现或者目标未达预期的阶段,协调管控好这些利益相关者对科创平台的战略预期,令他们客观认识所处情境的复杂艰巨性,对科创平台发展建立审慎包容的支持态度,正确处理好理想目标与现实情况的实际落差,为战略科创平台提供坚强有力、长期稳定的发展支持。

与此同时,还应以价值共同体理念打造高水平科创团队,不断提升群体动力。群体是一个动力整体,群体中每个人的活动、相互影响和情绪的综合,构成了群体行为的动力,在这个群体中需要有特定的目标、共同的情感、共同的行为准则、一定的群体文化。战略科创平台的成员来自"五湖四海",拥有不同的职业背景和个人发展预期,实现群体成员的战略高度协同十分重要。战略科创平台的群体行为特征、习惯方式会极大地影响整个平台的绩效、产出。那些高水平工作投入的员工通常高度认可并切实关注他们所从事的工作,他们的积极态度驱使他们以各种积极的方式对自身工作作出贡献,尤其是团队中的领军灵魂人物,他们对团队的影响更是不可小觑。战略科创平台的团队成员来源往往是多元的,可能来自政府机构、传统科研机构、高校以及各种类型的企业,这些人都抱着各自的目标、事业理想、行事风格来到战略科创平台这个团队中,他们原有的目标、事业规划、行事风格都会影响到战略科创平台发展的群体动力。因此,要在战略框架下建立群体的价值共同体,寻求最大公约数,有力动员团队内部成员朝着预设战略目标共同一致努力,形成不同于以往传统创新主体的创新组织文化。

随着科学技术的快速发展,科学研究从纯自由探索的科研模式演化出面向重大科学目标的,国家战略、区域战略、行业战略和组织战略一致性发展需求牵引的科研模式,驱动科学研究发展的动力也由科学家个人的好奇心和科学兴趣,生发出以解决实际问题、以任务需求为来源的驱动力。一方面,这种战略协同的一致性要求发展全局性、长远性、紧迫性的科技创新,重点布局战略型、关键性、"卡脖子"的行业领域。另一方面,服务于国家战略目标的科学研究要能够促进基础研究理论的进展,比如,美国的"曼哈顿计划"推动了基本粒子物理理论的发展;第二次世界大战期间航空技术的发展需求促进了空气动力学的理论进步。

　　异质性组织间战略协同治理体系的构建基于多元主体优势资源整合,形成多元创新的互动格局。战略科创平台通过企业出题、政府立题、有组织地解题、市场阅卷的方式,构建更加开放的协同创新系统,能够促进大学和科研院所共同研发,解决制约多个产业发展的关键共性技术的原理性、机理性的问题。战略科创平台各个构成主体都有自身核心能力,如政策支持、技术、品牌、市场渠道、管理水平等。从政府来看,政府一方面从战略高度对科创平台进行合理定位,使之服务于地方经济发展需求,使科创平台具有公共服务功能;另一方面给予一定资金、场地、政策支持,但不干预科创平台的管理运行,使平台具有较高的灵活性和自主性,进而提高创新效率。从高校、科研院所来看,战略科创平台可以在一定程度上突破现有职能定位的限制,将束缚在体制内的创新资源部分释放出来,直接服务于应用研究和产业化运作。[①] 从企业来看,战略科创平台则可以将研发优势与地方产业优势充分结合起来,服务于地方经济发展。采用市场化的运作方式,可以有效地集产业共性技术研发、成果转化、公共服务和人才培养为一体,实现从研发创新到产品再到市场的快速转化,在一些关键核心领域取得原创性技术成果并实现产业化。如深圳华大基因创造了遵循基因组学发展规律的"三发三带"创新模式,建立了以科研为龙头、教育为根本、产业为支撑的稳固发展模式,形成了科学探索、人才培养、综合研发、产业创新的产学研一体化创新格局,实现了以创新体制为保证、以新技术为支撑的生命科学与生物产业发展互动的新战略布局。

　　国家创新动员能力的形成过程也是战略科创平台各个参与者核心能力不断提升并融合发展的过程,这种协同能够进一步调动地方政府政策资源以及国家实验室、高水平研究型大学、国家科研机构、行业领军企业等战略科技力量。协同创新力能引发各主体相互资源和要素关系,激发外部环境驱动力和内在行为激励力,不断突破各主体发展壁垒,释放彼此间创新要素活力,产生协同驱动效应。这种力量是持续的、内生的,能为战略科创平台带来竞争性的专用知识和信息,推动战略科创平台与外部建立创新网络。如广东粤港澳大湾区协同创新研究院采取"基金—协同创新中心—研究所"三元耦合运行模式,按行业设立科学技术产业一体化的协同创新中心,中心成员共同出资设立

---

　　① 夏太寿,张玉赋,高冉晖,周文魁,汪长柳.我国战略科创平台协同创新模式与机制研究——以苏粤陕6家战略科创平台为例[J].科技进步与对策,2014,31(14):13-18.

市场化基金,课题由基金评估和领投,协同院知识产权基金自动跟投,政府自动配套资助,专业研究所根据任务需要组建跨学科团队实施科研任务,从体制上实现了产学研用紧密结合和市场配置资源的效果。

第二节　包容高效的管理体制机制

运行高效的管理体制可以将创新资源和要素之间通过有效的汇聚,突破创新主体之间的壁垒,充分释放彼此间人才、资本、信息、技术等创新要素活力而实现深度合作。它通常不受体制机制的束缚,能够改革人才评价、财政科技投入方式、科研经费使用方式;采用以市场为导向的管理模式,即企业化的管理方式,此外还包括以价值驱动来提高人的创新活力,能够提高组织管理效率;形成有组织科研模式下的高效研发方式,缩短创新距离,提高知识创新效率。

战略科创平台的发展造就了研发机构的"特区"模式,打破了传统的管理运行模式,建立了包容有序、高效有度的组织机制。战略科创平台一方面通过自主、渐进、创新性的体制改革逐渐转变以往的管理模式,另一方面也吸收、注入了企业、高校、科研院所、政府等主体的资源,逐渐变成了"四不像"组织。在这个"四不像"组织中,企业基于对利润、技术等的需求,高校、科研院所基于对科技成果转化、人才培养等的诉求,政府基于对地方经济发展、社会服务等的要求对科创平台进行投资,每个投入方都是充分考虑自身的发展利益需求而持续投入的。因此战略科创平台的发展要充分考虑各个利益方的需求,建立一个在战略目标框架内包容有序的组织环境。但包容有序的组织环境并不表示它是低效率及无限度的,相反,战略科创平台的发展是处于一种不过于强调外部物质财富驱动,更加注重价值驱动的高效有度的状态。优秀的组织所具有的基本属性是以明确而一贯的价值体系来指导其管理运行的。

以往的行政管理模式使科研项目资本价值受行政审批约束,使得行政力量主导资源分配,导致科技计划项目编制的延迟错过了成果转化的最佳时机,人才流动和技术交流也由于行政壁垒受到阻碍。[①] 为了破除行政壁垒,战略

---

① 霍影.经济体制改革、科技体制改革与战略性新兴产业协同发展机制研究[J].科技进步与对策,2013,30(11):103-106.

科创平台实行了理事会领导下的院（所）长负责制，实现决策权、行政权、执行权和监督权的分离，形成理事会决策、监事会监督、行政部门协调、科研部门执行、院（所）长负责的管理体制。理事会是战略科创平台的最高权力机构，决定科创平台一切重大事宜。

尽管不同类型的战略科创平台在管理机制上存在差异，但是不管是事业单位性质的战略科创平台还是企业、民办非企业性质的战略科创平台，采用的管理机制、引人用人机制均与以往有所不同，更趋向于市场化、企业化、柔性化和人性化。比如科研院所主导型的战略科创平台虽大多为事业编制，但其跳出了以往的行政管理模式，参考企业化的管理模式，同时采用以科研活动为中心的行政管理模式，行政工作服务于研发活动，不再是研发活动的束缚。在用人机制上，战略科创平台改变以往以论文和职称论英雄的任用机制，破除了传统研发机构体制封闭、人员固化的弊端，能够从全球各地顶尖科研机构引进各种高端优秀人才，以价值驱动提高人的创新活力及组织管理效率。比如深圳华大基因研究院秉承"不拘一格降人才"的理念取得了突出成效，年仅 17 岁的高二学生就已经担任研发经费达 500 万元的项目组组长；深圳光启高等理工研究院则采取"人才甄别人才，人才引进人才"的选才方式，以国际顶尖科研人员去吸引、甄别和引进同等水平人才，集聚了一大批高端科研和管理人才。①

全球新一轮科技革命和产业变革加速演进，各学科领域深度交叉融合，使得传统的偏向个人主义、无组织、零散的科研模式已经逐渐落后于人们的科研需求，逐渐演化出一种新的科研方式——有组织科研。在有组织科研模式下，可以有效地缩短创新距离，通过基础科学、技术科学并重跨越从原理到技术再到产业之间的鸿沟，有助于在整个创新体系中促进信息流动，优化资源配置，形成协作合力，提高科研效率，从而深化拓展科学的无止境的前沿，促进科学在"无用"与"有用"之间互动转换。这种跨学科、跨机构、跨部门的力量联合，打破学科界限、融汇学科知识进行综合交叉的研究方式符合国家科技资源配置、国家科研力量布局的有组织性的要求。因此，改变科研力量零散化、碎片化的现状，统筹力量形成合力，可以更好地解决关乎国家创新发展的重大科学问题。

---

① 严军华.探索科技服务业发展新途径[J].广东科技,2012(8):19-24.

第三节　整体优化的创新生态体系

　　我国初步建成了创新型国家,创新生态系统的雏形已经形成。然而,创新不是生产要素"投入—产出"的闭环,而是涉及政府、企业、科研组织、市场用户和自然环境等多主体,通过物质流、信息流和资金流的形式,形成竞合共生、动态开放的复杂系统。这就需要创新生态体系进一步优化,在跨学科、融合科学、技术创新的发展新趋势下,要求科学研究加强其组织性,将不同创新主体组织起来,打破学术、产业和其他部门的传统藩篱,促进个体和组织间的信息流动,从而促进创新链和产业链的融合发展。

　　提高能够高效贯通"科学、技术、市场"的系统能力,促进创新生态的整体优化,是提升国家创新体系效能的重要举措。当前科技成果转移转化存在的顽疾,其内在逻辑是科学发现、技术创新与产业发展之间的链式联动效应不强,产学研各自驱动导致科技成果的承接和转化出现断点,甚至是断层,系统能力得不到有效提升。我国科技体制改革30多年来的经验证明,从科学到市场之间是一种间接的、长期的、复杂的关系。进入新时代,我国不断加大科研经费投入,高度重视基础研究工作,科技创新取得了丰硕成果,知识经济得到了快速发展,但是科学、技术、市场三者之间的联动效应还是存在进一步提升的较大空间。因此,战略科创平台要面向未来,以新型创新组织加强能够高效贯通"科学、技术、市场"的系统能力建设,促进创新生态的整体优化。

　　创新生态系统构建的一个重要条件就是科研条件平台的整体优化,战略科创平台可以搭建高效贯通"科学、技术、市场"创新链条的科研基础设施平台,将人才、项目合作向科研基础设施领域拓展,采用"自用＋公有"相结合的资源使用方式,充分利用外部创新资源,发挥科研基础设施的基础性支撑作用。战略科创平台是国家、地区、行业战略驱动发展的重要基地,同时也是科技创新、技术研发的重要场所。在新时代背景下,各类战略科创平台应合理定位、认真探索和实践,切实提升重点科研平台科技创新能力,进一步明确研究方向,探索科创平台运行模式。

　　人才有序流动是促进产学研深度融合、激发人才创新活力的重要保障,人才生态的整体优化是构建创新生态体系的关键路径。战略科创平台可以将高校、科研院所和企业的人才队伍进行有机连接,成为不同创新主体间高层次人才的流转基地以及蓄水池。战略科创平台根据产业和区域发展需求,采用引企入校、学生入企、校企融合等方式把理论学习和实践活动更好地统一起来,充分发挥校企合作的资源优势,使双方互利、多方共赢。从大学人才培养的角度看,这不仅能够使学生对所学专业有更深层次的了解,明确自身发展所要具备的专业素质,而且通过工程实践将理论知识与实践相结合,学生在解决实际工程问题的同时切实提升自身工程实践能力以及创新意识。从企业的角度来看,企业发展需要人才及先进的工程技术。校企合作一方面能够及时为企业发展提供所需人才,降低企业人力资源成本;另一方面也为企业技术革新提供新的渠道和途径。因此,战略科创平台的建设可以有效地整合与利用高校、科研院所和企业的互补性资源,构建人才培养多元交流平台和渠道,跨越高校、研究院所和企业的围墙与边界,创造开放式的多元人才交流机制,为有效培养创新人才创造独特的条件,为社会源源不断地输送高技能人才,促进地方经济发展。

创新资源配置的优化是创新生态体系优化提升的主要路径,聚焦在某一个科创攻关领域实现人才、科技、金融、政策等要素资源一体化配置。传统的创新活动组织方式,各个环节的独立性相对比较强,上游的科学发现和下游的产业化往往是孤立进行的,导致创新资源不能够充分整合协作,科学发现往往只停留在书面论文而被束之高阁。战略科创平台的创新机制实现了人才链、创新链、产业链、资金链、政策链的深度融合,克服了传统创新活动组织方式下创新链条各个环节独立性强、容易"断链"的弊端,从根本上解决了经济和科技"两张皮"的问题。加之,传统高校院所大多专注基础研究,虽然引领科学前沿,但学术成果的技术转移过程漫长而充满阻碍,难以跨越成果转化的"死亡之谷"。战略科创平台集应用研究、技术开发、产业化应用、企业孵化于一体,提供创新创业平台,促进高新技术的产业化。战略科创平台由产学研三方共同组建,高校和研发机构立足于市场需求,着眼产业发展关键技术,提供充足的技术支持共性平台开展科学研究、技术研究、成果应用与产业化于一体的工作。企业等技术接收方和成果转化方为降低交易成本和提高产品研发率,结合市场需求情况,直接从科创平台中获取可供使用的技术等,形成成果推向市场,实现科技成果的产业化。① 例如,针对宁波市对新材料产业技术的旺盛需求,中国科学院宁波材料技术与工程研究所自建所开始就立足科技转化为生

---

① 张光宇,等.新型研发机构研究:学理分析与治理体系[M].北京:科学出版社,2021:125.

产力的使命,科研项目围绕产业需求布局,通过建立规模化中试基地提高技术的成熟度,引入社会产业基金,提供资本助力,提高科研人员成果转化分红比例,鼓励创业热情,搭建了科技成果转移转化的顺畅通道。

参考文献

英文文献:

[1] Andersson U, Forsgren M, Holm U. Administrative science impact of external networks: Subsidiary performance and competence development in the multinational corporation[J]. Strategic Management Journal, 2002,23(11): 979-996.

[2] Carayannis E G, Campbell D F J. Mode 3 Knowledge Production in Quadruple Helix Innovation Systems: 21st-century Democracy, Innovation, and Entrepreneurship for Development[M]. New York: Springer, 2012: 1-63.

[3] Furman J L, Porter M E, Stern S. The determinants of national innovative capacity[J]. Research Policy, 2000, 31(6): 899-933.

[4] Godin, B. Writing performance history: The new new Atlantis?[J]. Social Studies of Science,1998(3):465-483.

中文文献:

[1] 班燕君,房超,游翰霖.国家实验室的跨机构资源管理模式:美国案例分析及启示[J].科技管理研究,2021,41(24).

[2] 毕颖.大学跨学科研究组织协同创新研究[D].大连:大连理工大学,2015.

[3] 毕颖.协同创新中的大学跨学科研究组织:问题及对策[J].国家教育行政学院学报,2015(7):63-68.

[4] 陈鹏,李建强.台湾工业技术研究院发展模式及其启示[J].工业工程与管理,2010,15(4):124-128.

[5] 陈诗波,陈亚平.中国建设全球科创中心的基础、短板与战略思考[J].科学管理研究,2019,37(6):2-9.

[6] 陈雪,龙云凤.广东新型研发机构科技成果转化的主要模式及建议[J].科技管理研究,2017,37(4):101-1054.

[7] 储节旺,郭春侠.应急型科技创新联盟的组织与管理——基于"非典"联合科技攻关的分析[J].情报理论与实践,2003(6):500-503.

[8] 德国亥姆霍兹联合会.德国国家实验室体系的发展历程:德国亥姆霍兹联合会的前世今生[M].何宏,等译.北京:科学出版社,2019:1-35.

[9] 邓立众.建立现代科研院所的管理体制和运行机制[J].科学学与科学技术管理,1998(12):26-28.

[10] 邸月宝,陈锐.国家实验室和国家重点实验室简述[J].今日科苑,2019(7).

[11] 樊春亮.国家战略科技力量的演进:世界与中国[J].中国科学院院刊,2021,36(5).

[12] 方晓东,董瑜.法国国家创新体系的演化历程、特点及启示[J].世界科技研究与发展,2021,43(5).

[13] 冯晶.我国共性技术研发组织发展模式研究[D].北京:北京工业大学,2016.

[14] 高冉晖,张巍巍.我国新型研发机构发展现状研究[J].价值工程,2015,34(33):45-47.

[15] 高振,曹新雨,王帆.第三方参与政府科研项目管理的国内外模式比较[J].实验室研究与探索,2019(1).

[16] 广东省科技基础条件平台中心.对标国际一流打造国家实验室"预备队"[J].广东科技,2019(10):10-12.

[17] 海尔格·诺沃特尼,等.反思科学:不确定性时代的知识与公众[M].上海:上海交通大学出版社,2011.17.

[18] 韩凤芹,马羽彤.构建新型院所的双层治理体系——以江苏产研院为例[J].科学学研究,2021,39(9):1613-1620+1696.

[19] 何继江,王路昊,曾国屏.以技术能力的商业开发促进科技成果转化——以深圳清华大学研究院为案例[J].科学学研究,2013,31(9):1355-1363.

[20] 侯光明,等.组织系统科学概论[M].北京:科学出版社,2006:48-49.

[21] 侯宏飞,贡集勋,罗小安,等.重点实验室的建设与发展[J].中国科学院院刊,2012(6).

[22] 华南家电研究院[J].广东科技,2010,19(9):56.

[23] 黄琳.产业共性技术创新平台建设的政府职能动态定位研究[D].广州:华南理工大学,2011.

[24] 黄敏.基于协同创新的大学学科创新生态系统模型构建的研究[D].重庆:第三军医大学,2011.

[25] 霍影.经济体制改革、科技体制改革与战略性新兴产业协同发展机制研究[J].科技进步与对策,2013,30(11):103-106.

[26] 金玉笑,周禹.GE绩效管理:从通用化到定制化[J].企业管理,2018(8):68-70.

[27] 柯希嘉.盈利能力、利润分配与职工平均薪酬水平——基于中国上市公司数据的实证研究[J].会计之友,2015(15):34-37.

[28] 冷民,Ulrike Tagscherer,徐秋慧.公共产业技术研究院促进区域创新发展[J].科技潮,2011(4):36-39.

[29] 李春发,赵乐生.组织双元性视角的产学研知识创新协同演化仿真研究[J].情报科学,2017,35(12):73-80.

[30] 李江华.校地共建新型研发机构的协同治理研究[D].武汉:华中科技大学,2019.

[31] 李梦茹,孙若丹.浅析重大科技基础设施在基础研究中的关键作用[C]//北京科学技术情报学会."2018年北京科学技术情报学会学术年会——智慧科技发展情报服务先行"论坛论文集.北京:北京科学技术情报学会,2018:378-398.

[32] 李顺才,李伟,王苏丹.日本产业技术综合研究所(AIST)研发组织机制分析[J].科技管理研究,2008(3).

[33] 李阳.基于比较视角的中美国家级实验室建设研究[D].长春:吉林大学,2021.

[34] 李昱涛.美国国立卫生研究院初探——历史演变、管理体制和运行机制[D].北京:清华大学,2004.

[35] 李志峰,高慧,张忠家.知识生产模式的现代转型与大学科学研究的模式创新[J].教育研究,2014,35(3):55-63.

[36] 连瑞瑞.综合性国家科学中心管理运行机制与政策保障研究[D].合

肥:中国科学技术大学,2019.

[37] 梁梦芸,曾伟.重大科研项目联合攻关机制与对策研究[J].科学管理研究,2014,32(5):32-35.

[38] 廖建锋,李子和,夏亮辉.美国联邦政府依托高校运营管理的国家实验室特点及其发展经验[J].科技管理研究,2005(1):111-115.

[39] 林振亮,陈锡强,张祥宇,等.美国国家实验室使命及管理运行模式对广东省实验室建设的启示[J].科技管理研究,2020,40(19).

[40] 刘波,李湛.中国科技创新资源配置体制机制的演进、创新与政策研究[J].科学管理研究,2021,39(4):8-16.

[41] 刘戒骄,方莹莹,王文娜.科技创新新型举国体制:实践逻辑与关键要义[J].北京工业大学学报(社会科学版),2021,21(5):89-101.

[42] 刘娟.之江实验室 VS 国家实验室、美国能源部下属国家实验室——探索新型研发机构模式[J].杭州科技,2017(5).

[43] 刘昆雄,甘雨.面向创新型湖南建设的信息资源协同配置研究[J].情报理论与实践,2015,38(2):102-107.

[44] 刘昆雄,赵杨,沈雪乐.国家创新系统中的信息资源协同配置效率评价[J].情报杂志,2012,31(12):158-163.

[45] 刘庆红.基于现行教育评价体系的教育伦理反思与重建——以"双一流"建设评价体系实践为视点[J].伦理学研究,2019(2):72-78.

[46] 刘学之,马婧,彭洁,等.美国国家实验室成果转化路径解析与制度保障[J].科技进步与对策,2015(11):20-25.

[47] 刘永.从竞争到协同:新时代学科发展的路径转向[J].研究生教育研究,2021(4):23-30.

[48] 马双,王峤,陈凯华.国际典型国家实验室管理运营机制经验与启示——基于英国国家海洋中心的研究[J].全球科技经济瞭望,2020,35(12).

[49] 孟潇,董洁.日本产业技术综合研究所的发展运行经验及对新型科研机构的启示[J].科技智囊,2020(8):66-70.

[50] 米银俊,刁嘉程,罗嘉文.多主体参与新型研发机构开放式创新研究:战略生态位管理视角[J].科技管理研究,2019,39(15):22-28.

[51] 牛振喜,安会刚,郭鹏.以工业技术研究院为中心的科技成果转化新机制研究[J].中国科技论坛,2006(4):40-44.

［52］邱举良,方晓东.建设独立自主的国家科技创新体系——法国成为世界科技强国的路径［J］.中国科学院院刊,2018,33(5).

［53］任志宽,龙云凤.解密新业态:新型研发机构的理论与实践［M］.广州:广东人民出版社,2020.

［54］任志宽,等.解密新业态:新型研发机构的理论与实践［M］.广州:广东人民出版社,2020:60.

［55］茹志涛.法国公立科研机构协同创新机制的特点与启示［J］.科技中国,2021:(9).

［56］山鸣峰,马君.高校协同创新的有效运行机制和驱动力研究［J］.复旦教育论坛,2013,11(4):64-68.

［57］盛夏.率先建设国际一流科研机构——基于法国国家科研中心治理模式特点的研究及启示［J］.中国科学院院刊,2018,33(9).

［58］石雪怡.英国大学科研成果评价探究及其对破除"五唯"的启示［J］.中国高校科技,2021(6):70-74.

［59］苏熹.以国家科技发展战略目标为主导——中国国家实验室建设和发展历程述略［J］.当代中国史研究,2020,27(6).

［60］眭平.贝尔实验室的科学观［J］.自然辩证法研究,2008(9):79-82.

［61］王顶明,黄葱.新时代高校科研评价改革的思考［J］.高校教育管理,2021,14(2):24-36.

［62］王星宇.高校社会科学基层科研组织形式研究［D］.天津:天津大学,2015:14.

［63］文少保.美国大学"有组织的"跨学科研究创新的战略保障［J］.中国高教研究,2011(10):31-33.

［64］吴金希,李宪振.工业技术研究院推动产业创新的机理分析［J］.学习与探索,2013(3):108-111.

［65］吴楠,王广禄.以重大现实问题为导向走向跨学科研究［N］.中国社会科学报,2014-03-10(A03).

［66］袭著燕,王磊.地方工业技术研究院的再认识［J］.科技和产业,2015(8):77-83.

［67］夏太寿,张玉赋,高冉晖,周文魁,汪长柳.我国战略科创平台协同创新模式与机制研究——以苏粤陕6家战略科创平台为例［J］.科技进步与对策,2014,31(14):13-18.

[68] 肖国芳,彭术连.创新体系国际化视角下高校科研组织变革研究
　　　[J].中国高校科技,2020,(11):45-49.

[69] 谢东昊.国家实验室与一流大学协同发展的研究[D].杭州:浙江工
　　　业大学,2018.

[70] 徐顽强,乔纳纳.2001—2016年国内新型研发机构研究述评与展望
　　　[J].科技管理研究,2018(12):1-8.

[71] 徐伟平,丁晓玲.国家重点实验室开放研究基金项目的科学管理
　　　[J].实验技术与管理,2003(4).

[72] 徐兆铭,王哲,乔云霞.高校协同创新中的组织变革方向及对策研究
　　　[J].高校教育管理,2013,7(6):15-19.

[73] 许治,杨芳芳,陈月娉.重大科研项目合作困境——基于有组织无序
　　　视角的解释[J].科学学研究,2016,34(10):1515-1521+1540.

[74] 严军华.探索科技服务业发展新途径[J].广东科技,2012(8):
　　　19-24.

[75] 阎康年.贝尔实验室丰硕的诺贝尔奖成果及其启示——纪念贝尔实
　　　验室成立75周年[J].物理,2000(2):114-118.

[76] 杨雅欣.从新型研发机构看我国高校科研组织变革[D].南昌:江西
　　　师范大学,2021.

[77] 叶彩凤.综合型基础研究基地管理体制与运行机制构建[D].上海:
　　　上海交通大学,2007.

[78] 叶伟巍.产学合作创新机理与政策研究[D].杭州:浙江大学,2009.

[79] 尹江勇.我省谋划建设新一批省实验室[N].河南日报,2022-2-13(1).

[80] 尹西明,陈劲,贾宝余.高水平科技自立自强视角下国家战略科技力
　　　量的突出特征与强化路径[J].中国科技论坛,2021(9):1-9.

[81] 张光宇,刘贻新,马文聪,等.新型研发机构研究——学理分析与治
　　　理体系[M].北京:科学出版社,2021.

[82] 张杰军,雷鸣,杜小军.日本产业技术综合研究所管理体制与运行机
　　　制探析[J].中国科技论坛,2005(5).

[83] 张丽娟.贝尔实验室科技成果转化机制的探讨[J].广西民族大学学
　　　报(自然科学版),2011,17(2):20-245.

[84] 张珊珊.广东省新型研发机构建设模式及其机制研究[D].广州:华
　　　南理工大学,2016.

[85] 张文静. 大学基层学术组织变革研究[D]. 武汉:华中科技大学,2012.

[86] 张玉磊,郑奕,罗嘉文,张光宇. 基于系统性文献回顾法的新型研发机构研究与展望[J]. 科技管理研究,2019,39(15):83-91.

[87] 章熙春,江海,章文,资智洪. 国内外新型研发机构的比较与研究[J]. 科技管理研究,2017,37(19):103-109.

[88] 赵剑东. 企业主导建设的新型研发机构运作管理模式[J]. 价值工程,2018,37(26):85-88.

[89] 曾国屏,林菲. 创业型科研机构初探[J]. 科学学研究,2014,32(2):242-249.

[90] 曾国屏,林菲. 走向创业型科研机构——深圳新型科研机构初探[J]. 中国软科学,2013(11):49-57.

[91] 周岱,刘红玉,赵加强,等. 国家实验室的管理体制和运行机制分析与建构[J]. 科研管理,2008(2).

[92] 周华东,李哲. 国家实验室的建设运营及治理模式[J]. 科技中国,2018(8).

[93] 周君璧,陈伟,于磊,胡贝贝,马文静. 新型研发机构的不同类型与发展分析[J]. 中国科技论坛,2021(7):29-36.

[94] 周思佳. 企业研发机构对高校创新型研究机构的启示——以阿里达摩院为例[J]. 江苏科技信息,2021,38(18):56-59.

[95] 周雪梅. 内部控制质量、高管激励与盈余管理[J]. 财会通讯,2018(24):49-535.

[96] 朱建军,蔡静雯,刘思峰,方志耕,关叶青. 江苏新型研发机构运行机制及建设策略研究[J]. 科技进步与对策,2013,30(14):36-39.

[97] 朱婧. 国外典型机构开展科技成果转化经验及对广东的启示——日本国立先进工业科学技术研究所案例[J]. 广东科技,2021,30(11).

[98] 朱学彦. 上海各区在科创中心建设中应实现优势互补、错位竞争[J]. 科学发展,2018(5):23-31.

[99] 邹润榕. 新型科研机构的协同创新机制研究[J]. 广东科技,2013,22(16):4-5.